10歳の言葉

言葉を味方にする20のミッション

齋藤 孝

幻冬舎

はじめに

「日本語力《にほんごりょく》」をみがこう！

ぼくは、今《いま》の時代《じだい》に必要《ひつよう》なものは日本語力《にほんごりょく》だと思《おも》っています。なぜかというと、ぼくたちは日本語《にほんご》で話《はな》して、聞《き》いて、書《か》いて、読《よ》んでいるからです。全部《ぜんぶ》日本語《にほんご》でやっています。

日本語《にほんご》が上手《じょうず》になると、頭《あたま》がよくなるし、心《こころ》がすっきりしてきます。「こういうときには、こういう言葉《ことば》を使《つか》ったらいいんだな」とわかると、自分《じぶん》の気持《きも》ちを表《あらわ》すのが上手《じょうず》になります。自分《じぶん》の気持《きも》ちがうまく言《い》えないといらいらしてきたり、わかってもらえなくてもどかしい、

という気持《きも》ちになったりすると思《おも》います。日本語力《にほんごりょく》があれば、それがどんどん外《そと》に出《で》てくるのです。

日本語力《にほんごりょく》をみがくことが、心《こころ》をすっきりさせることにつながる。心《こころ》がすっきりすると、心《こころ》がのびのびと育《そだ》っていく。だから、ぼくたちの心《こころ》というのは、実《じつ》は日本語《にほんご》でできているのです。いつも日本語《にほんご》で感《かん》じているし、日本《にほん》語《ご》で考《かんが》えています。

ぼくはいろいろな本《ほん》を読《よ》んできてよかったな、と思《おも》います。本《ほん》を読《よ》んでいろいろな言葉《ことば》を知《し》っているので、日《に》本語力《ほんごりょく》がすごく育《そだ》ちました。すると、何《なに》か言《い》いたいときに、いろいろな言葉《ことば》が湧《わ》き出《で》てくるような感《かん》じがするのです。

ぼくは、今《いま》の時代《じだい》の人《ひと》は、見《み》た目《め》というものを気《き》にしすぎていると思《おも》います。自分《じぶん》の見《み》た目《め》ばかりを気《き》にするようになると、自分《じぶん》の内側《うちがわ》、心《こころ》の在《あ》り方《かた》というものを無視《むし》してしまうことにつながるからです。

日本語力《にほんごりょく》を育《そだ》てると、知性《ちせい》や教養《きょうよう》が身《み》についてきます。知性《ちせい》とは、頭《あたま》がしっかりしていて、判断力《はんだんりょく》があるということ。教養《きょうよう》とは、文学《ぶんがく》や美術《びじゅつ》、音楽《おんがく》など、さまざまな文化《ぶんか》について、たくさん知識《ちしき》があるということです。そういうことを自分《じぶん》の中《なか》に取《と》り入《い》れるには、本《ほん》や文章《ぶんしょう》をできるだけたくさん読《よ》むことが大事《だいじ》です。日本語力《にほんごりょく》が高《たか》ければ高《たか》いほど、知性《ちせい》や教養《きょうよう》がみがかれていきます。

言葉《ことば》をたくさん身《み》につける。そして、人《ひと》を傷《きず》つけない、

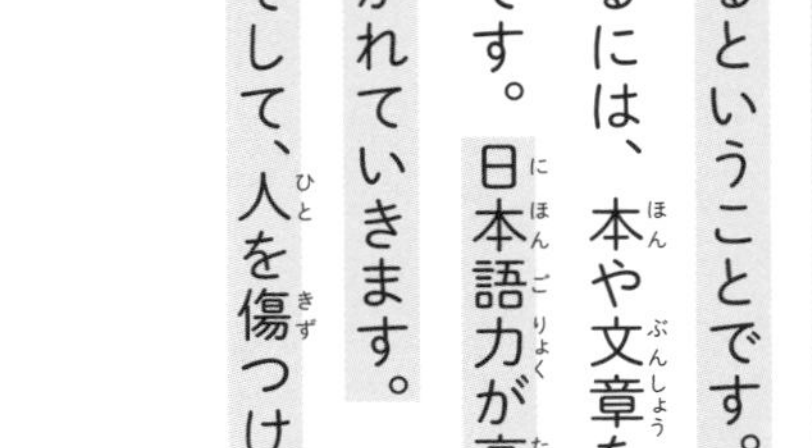

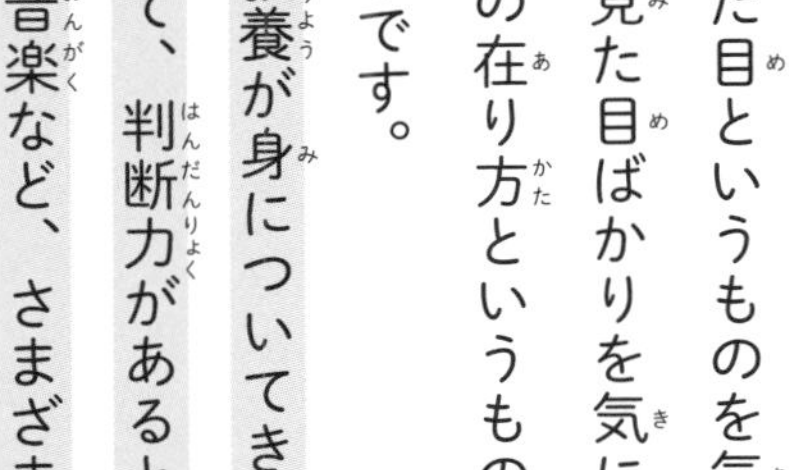

人《ひと》を気持《きも》ちよくさせる言葉《ことば》を使《つか》ったり、それで自分自身《じぶんじしん》を表現《ひょうげん》したりする。それが生《い》きていく幸福感《こうふくかん》につながると思《おも》うのです。

日本語《にほんご》で意味《いみ》のあることを表現《ひょうげん》できれば、その「意《い》味《み》」は何語《なにご》に訳《やく》されても伝《つた》わります。意味《いみ》のない日本語《にほんご》は、訳《やく》しようがないので伝《つた》わりません。

この本《ほん》には、日本語力《にほんごりょく》が育《そだ》つ「言葉《ことば》のミッション」を20個《こ》書きました。ひとつでも二《ふた》つでもいいので、できそうなものからやってみてください。

一生《いっしょう》を楽《たの》しく過《す》ごしたいならば、自分《じぶん》の見《み》た目《め》以上《いじょう》に、言葉《ことば》を大事《だいじ》にしていく。そんな生《い》き方《かた》をしてほしいです。

言葉《ことば》を一生《いっしょう》の味方《みかた》につけましょう!

もくじ

言霊《ことだま》

1章《しょう》

知《し》る・読《よ》む ミッション

1　名作《めいさく》の出《で》だしを覚《おぼ》えるべし！

2　座右《ざゆう》の銘《めい》を決《き》めよ！

3　似《に》ているけどちがう言葉《ことば》を覚《おぼ》えよ！

4　新聞《しんぶん》を読《よ》んで、
世《よ》の中《なか》のことを知《し》っておくべし！

5　本《ほん》を100冊《さつ》読《よ》むべし！

6　漢字《かんじ》のすごさを知《し》るべし！

7　大和言葉《やまとことば》のすばらしさを知《し》るべし！

名作《めいさく》の出《で》だしを覚《おぼ》えるべし！

みなさんには、好《す》きな文学作品《ぶんがくさくひん》はありますか。

作品《さくひん》の出《で》だしの部分《ぶぶん》は、物語《ものがたり》の入《い》り口《ぐち》になる大事《だいじ》なところです。作者《さくしゃ》は特《とく》に気合《きあ》いを入《い》れて書《か》いています。ここには、日本語《にほんご》の美《うつく》しさがつまっているのです。

物語《ものがたり》の出《で》だしを覚《おぼ》えておくと、自分《じぶん》の宝《たから》になると思《おも》います。

いくつか例《れい》を挙《あ》げてみます。

有名《ゆうめい》なのは、夏目漱石《なつめそうせき》の『吾輩《わがはい》は猫《ねこ》である』です。タイトルがそのま

ま、出《で》だしの文《ぶん》になっています。

「吾輩《わがはい》は猫《ねこ》である。名前《なまえ》はまだ無《な》い。どこで生《う》まれたかとんと見当《けんとう》がつかぬ。何《なん》でも薄暗《うすぐら》いじめじめした所《ところ》でニャーニャー泣《な》いていた事《こと》だけは記憶《きおく》している。」

これはいいですね。「吾輩《わがはい》」には名前《なまえ》がない。生《う》まれた所《ところ》もわからない。人間《にんげん》の世界《せかい》でくらす、ねこが主人公《しゅじんこう》の名作《めいさく》です。

夏目漱石《なつめそうせき》は、『坊《ぼ》っちゃん』も有名《ゆうめい》です。

「親譲《おやゆず》りの無鉄砲《むてっぽう》で小供《こども》の時《とき》から損《そん》ばかりしている。小学校《しょうがっこう》に居《い》る時《じ》分《ぶん》学校《がっこう》の二階《にかい》から飛《と》び降《お》りて一週間《いっしゅうかん》ほど腰《こし》を抜《ぬ》かした事《こと》がある。」

「無鉄砲《むてっぽう》」は後先《あとさき》を考《かんが》えないという意味《いみ》。家《いえ》に帰《かえ》った坊《ぼ》っちゃんは、「二階《にかい》ぐらいから飛《と》び降《お》りて腰《こし》を抜《ぬ》かす奴《やつ》があるか」と父親《ちちおや》に言《い》われ、「この次《つぎ》は抜《ぬ》かさずに飛《と》んでみせます」と返《かえ》します。おもしろいですね。

島崎藤村《しまざきとうそん》の『夜明《よあ》け前《まえ》』も、有名《ゆうめい》でかっこいい始《はじ》まり方《かた》です。すごく長《なが》い小説《しょうせつ》で最後《さいご》まで読《よ》むのは大変《たいへん》ですが、「木曾路《きそじ》は全《すべ》て山《やま》の中《なか》である。」という出《で》だしは覚《おぼ》えておきたいですね。

平安時代《へいあんじだい》に書《か》かれた『枕草子《まくらのそうし》』は有名《ゆうめい》なエッセーです。「春《はる》はあけぼの。や《よ》うやう白《しろ》くなりゆく山《やま》ぎは《わ》、すこしあかりて、紫《むらさき》だちたる雲《くも》の細《ほそ》くたなびきたる。」と始《はじ》まり、「夏《なつ》は夜《よる》。」と続《つづ》きます。第一段《だいいちだん》は春夏秋冬《しゅんかしゅうとう》を表《あらわ》していて、全文《ぜんぶん》がすばらしい。ぼくは小学生《しょうがくせい》のとき、

何《なに》も見《み》ずに言《い》えるようになりました。

そのほか、日本最古《にほんさいこ》の物語《ものがたり》とされる『竹取物語《たけとりものがたり》』も美《うつく》しい始《はじ》まり方《かた》です。

「今《いま》は昔《むかし》、竹取《たけとり》の翁《おきな》といふ《う》ものありけり。野山《のやま》にまじりて竹《たけ》を取《と》りつつ、よろづ《ず》のことに使《つか》ひ《い》けり。」と始《はじ》まります。竹《たけ》の中《なか》に小《ちい》さな人《ひと》が「いとうつくしう《しゅう》てゐ《い》たり。」という部分《ぶぶん》まで、覚《おぼ》えてみましょう。

ノーベル文学賞《ぶんがくしょう》をとった川端康成《かわばたやすなり》の『雪国《ゆきぐに》』は、「国境《こっきょう》の長《なが》いトンネルを抜《ぬ》けると雪国《ゆきぐに》であった。夜《よる》の底《そこ》が白《しろ》くなった。」と始《はじ》まります。汽車《きしゃ》でトンネルを抜《ぬ》けたら、そこは雪国《ゆきぐに》。世界《せかい》が一気《いっき》に開《ひら》けたような名文《めいぶん》です。

太宰治《だざいおさむ》の『走《はし》れメロス』もいいですね。「メロスは激怒《げきど》した。必《かなら》ず、かの邪智暴虐《じゃちぼうぎゃく》の王《おう》を除《のぞ》かなければならぬと決意《けつい》した。」出《で》だしで、主人公《しゅじんこう》メロスがものすごく怒《おこ》って、悪《わる》い王様《おうさま》をなんとかすることを決意《けつい》します。

物語《ものがたり》の途中《とちゅう》に出《で》てくる好《す》きな文《ぶん》を、覚《おぼ》えるのもいいですね。たとえば、先《さき》ほどの『走《はし》れメロス』では、タイトルと同《おな》じ言葉《ことば》が途《と》中《ちゅう》で出《で》てきます。お話《はなし》が盛《も》り上《あ》がるところで、メロスがくじけそうなとき、「私《わたし》は、信頼《しんらい》に報《むく》いなければならぬ。いまはただその一事《いちじ》だ。走《はし》れ！メロス」という文章《ぶんしょう》があるのです。メロスを信《しん》じて人質《ひとじち》になってくれた友《とも》のために、あらためて走《はし》り出《だ》そうとする場面《ばめん》です。

物語《ものがたり》のなかにある象徴的《しょうちょうてき》な文章《ぶんしょう》や、お話《はなし》をぎゅっと引《ひ》き締《し》めている文章《ぶんしょう》を覚《おぼ》えてみましょう。そうすると、物語《ものがたり》が自分《じぶん》のなかに残《のこ》る感《かん》じがしますよ。

好《す》きな名文《めいぶん》を覚《おぼ》えたら、声《こえ》に出《だ》して言《い》ってみてください。ノートに書《か》き写《うつ》して、言葉《ことば》を集《あつ》めてみるのもいいですね。宝石《ほうせき》みたいに見事《みごと》な日本語《にほんご》を覚《おぼ》えると、みなさんの一生《いっしょう》の財産《ざいさん》になります。

まとめ

- 名作《めいさく》の冒頭《ぼうとう》などの文章《ぶんしょう》を覚《おぼ》えると、一生《いっしょう》、自分《じぶん》の宝《たから》になるよ。
- 覚《おぼ》えた名文《めいぶん》は、ノートに書《か》き写《うつ》したり、声《こえ》に出《だ》したりしてみよう。

2 知《し》る・読《よ》む

座《ざ》右《ゆう》の銘《めい》を決《き》めよ！

「あなたの座《ざ》右《ゆう》の銘《めい》はなんですか」と聞《き》かれたことはありますか？「座《ざ》右《ゆう》」とは、自《じ》分《ぶん》のそばということ。「銘《めい》」は、かんたんにいうと、きざみこまれた言《こと》葉《ば》という意《い》味《み》です。つまり、「座《ざ》右《ゆう》の銘《めい》」とは、一《いっ》生《しょう》自《じ》分《ぶん》の目《もく》標《ひょう》にしたい言《こと》葉《ば》のことです。

ぼくは、座《ざ》右《ゆう》の銘《めい》がないのはさみしいと思《おも》います。だからみなさんも座《ざ》右《ゆう》の銘《めい》をひとつか二《ふた》つ決《き》めてみましょう。たとえば、「七《なな》転《ころ》び八《や》起《お》き」といったことわざや、「有《ゆう》言《げん》実《じっ》行《こう》」といった四《よ》字《じ》熟《じゅく》語《ご》でもいいのです。

中国《ちゅうごく》の思想家《しそうか》・孔子《こうし》の言葉《ことば》を集《あつ》めた『論語《ろんご》』という本《ほん》があります。その中《なか》には、いい言葉《ことば》がたくさんあります。

たとえば、「己《おのれ》の欲《ほっ》せざる所《ところ》を、人《ひと》に施《ほどこ》す勿《な》かれ。」。自分《じぶん》が欲《ほっ》しない、つまり、してほしくないと思《おも》うことは、人《ひと》にもやらないようにしようという意味《いみ》です。

「義《ぎ》を見《み》て為《な》さざるは、勇無《ゆうな》き也《なり》。」という言葉《ことば》もあります。自分《じぶん》がこうしなきゃいけないと思《おも》ったときにできないのは勇気《ゆうき》がないからだ、という意味《いみ》です。

ぼくは、このような心《こころ》にひびく言葉《ことば》をたくさん集《あつ》めて覚《おぼ》えています。そうすると、自分《じぶん》の心《こころ》がしっかりしてきます。言葉《ことば》は不思議《ふしぎ》なもので、何度《なんど》も声《こえ》に出《だ》して言《い》っていると、その言葉《ことば》が自分《じぶん》の中《なか》に入《はい》ってくるのです。

座右《ざゆう》の銘《めい》は、漫画《まんが》やアニメから取《と》ってきてもいいですよ。バスケットボールの漫画《まんが》『SLAM DUNK《スラムダンク》』は、映画《えいが》もすごくヒットしました。漫画《まんが》の中《なか》で、安西先生《あんざいせんせい》という人物《じんぶつ》が「あきらめたらそこで試合終了《しあいしゅうりょう》ですよ」と言《い》う場面《ばめん》があります。覚《おぼ》えておくと、自分《じぶん》が何《なに》かに追《お》いこまれてあきらめかけたとき、この言葉《ことば》がふっと浮《う》かんできます。そして、自分《じぶん》も最後《さいご》まであきらめないぞと思《おも》えるのです。

いつも北《きた》に位置《いち》する北極星《ほっきょくせい》のように、座右《ざゆう》の銘《めい》は、自分《じぶん》の心《こころ》の中《なか》の決《き》まった位置《いち》にあり続《つづ》けます。すると、その言葉《ことば》の方角《ほうがく》に向《む》かっていこうという気持《きも》ちになれます。

まだ座右《ざゆう》の銘《めい》をもっていないなら、自分《じぶん》で言葉《ことば》をつくってみてもいいと思《おも》います。

ぼくがつくったのは「出《で》あいの時《とき》を祝《しゅく》祭《さい》に」という言葉《ことば》です。新《あたら》しい人《ひと》やものに出《で》あったとき、わくわくすることがありますね。それをお祭《まつ》りのような気分《きぶん》で味《あじ》わおうという意味《いみ》です。

そのほかにも、「ミッション、パッション、ハイテンション！」という言葉《ことば》もつくりました。使命感《しめいかん》と情熱《じょうねつ》と元気《げんき》。どんなことも、この三《みっ》つをもって取《と》り組《く》もうという意味《いみ》です。

座右《ざゆう》の銘《めい》を書道《しょどう》で使《つか》う半紙《はんし》などに書《か》いて、壁《かべ》などに貼《は》っておくのがおすすめで

す。ノートに書《か》くのとちがって、目《め》に入《はい》りやすいからです。

ぼくはあるとき、学校《がっこう》の先生《せんせい》から「初志貫徹《しょしかんてつ》」という言葉《ことば》が書《か》かれた年賀状《ねんがじょう》をもらいました。最初《さいしょ》の志《こころざし》、思《おも》いを貫《つらぬ》き通《とお》すという意味《いみ》です。それをしばらく見《み》えるところに飾《かざ》っておきました。受験勉強《じゅけんべんきょう》をしているころだったと思《おも》いますが、そういうときは、最初《さいしょ》の志《こころざし》を貫《つらぬ》こうという言葉《ことば》が心強《こころづよ》いものでした。

家族《かぞく》のみんなで、「座右《ざゆう》の銘《めい》は何《なに》？」と話《はな》しあってみるのもいいでしょう。改《あらた》めて言《い》われると、なんだろうと考《かんが》えるきっかけになります。

たとえば、「笑《わら》う門《かど》には福来《ふくきた》る」や「一日一善《いちにちいちぜん》」というような、これを座右《ざゆう》の銘《めい》にしようというものを、新《あら》たに見《み》つけることができるかもしれません。

まとめ

- 座右《ざゆう》の銘《めい》とは、人生《じんせい》の目標《もくひょう》になるような大切《たいせつ》な言葉《ことば》のこと。
- 自分《じぶん》でオリジナルの座右《ざゆう》の銘《めい》をつくってもいいね。

3

知《し》る・読《よ》む

似《に》ているけど ちがう言葉《ことば》を覚《おぼ》えよ！

この言葉《ことば》とこの言葉《ことば》は似《に》ているけど、ちょっとちがう。この言葉《ことば》はしっくりこないな、こっちの言葉《ことば》がぴったりだな。

このように、言葉《ことば》のセンスを身《み》につけるには、似《に》ているけどちがう言《こと》葉《ば》を知《し》り、言葉《ことば》を選《えら》ぶことが大事《だいじ》です。くり返《かえ》すうちに、言葉《ことば》を選《えら》ぶセンスがみがかれていきます。意味《いみ》は似《に》ているけどちがう言葉《ことば》のことを「類義語《るいぎご》（類語《るいご》）」と呼《よ》ぶこともあります。

たとえば「残念《ざんねん》」と「無念《むねん》」は、どちらもくやしい気持《きも》ちを表《あらわ》しますが、「残念《ざんねん》」より「無念《むねん》」のほうがすごく重《おも》くて強《つよ》い印象《いんしょう》があります。

状態《じょうたい》を表《あらわ》す「擬態語《ぎたいご》」はどうでしょう。たとえば「雨《あめ》がしとしと降《ふ》っている」という表現《ひょうげん》があったとします。「しとしと」が「じとじと」に変《か》わると、ちょっと嫌《いや》な感《かん》じがしますね。

点々《てんてん》(濁点《だくてん》)や丸《まる》(半濁点《はんだくてん》)が付《つ》くだけでも、ちがう言葉《ことば》になります。「ふりふり」「ぶりぶり」「ぷりぷり」は意味《いみ》が全然《ぜんぜん》ちがいますし、「ふかふか」と「ぶかぶか」と「ぷかぷか」もそれぞれちがいます。

言葉《ことば》には境界線《きょうかいせん》があります。似《に》ている言葉《ことば》でも、意味《いみ》の区切《くぎ》り方《かた》がちがうのです。たとえば、英語《えいご》の「rice《ライス》」はお米《こめ》のことで、炊《た》いた後《あと》でも「rice《ライス》」です。しかし日本語《にほんご》だと、炊《た》く前《まえ》は「白米《はくまい》」で、炊《た》いた後《あと》は「ごはん」と言《い》いますね。「お米《こめ》がおいしい」と言《い》うこともあります。

ひとつの言葉《ことば》の近《ちか》くに、ほかにどんな言《こと》葉《ば》があるかを知《し》るとおもしろいです。似《に》ている言葉《ことば》をまとめた類義語《るいぎご》（類語《るいご》）辞典《じてん》というものがあるので、ぜひ読《よ》んでみてください。インターネットでも類義語《るいぎご》を探《さが》せると思《おも》います。

たとえば、「短所《たんしょ》」と「欠点《けってん》」のちがいはなんでしょう。短所《たんしょ》は長所《ちょうしょ》とセットで使《つか》うことが多《おお》く、長所《ちょうしょ》はすぐれている性質《せいしつ》、短所《たんしょ》はよくない性質《せいしつ》。欠点《けってん》は、短所《たんしょ》よりもっとマイナスな感《かん》じがします。短所《たんしょ》は朝起《あさお》きるのが苦手《にがて》なところ。欠点《けってん》は遅刻《ちこく》が多《おお》すぎ

るところ。このように使《つか》います。

「将来《しょうらい》」と「未来《みらい》」はどうでしょう。「将来《しょうらい》、何《なに》したい？」とは言《い》いますが、「未来《みらい》、何《なに》したい？」とは言《い》いませんね。将来《しょうらい》は近《ちか》い先《さき》のことについて言《い》うとき、未来《みらい》はもうちょっと遠《とお》い先《さき》のことについて言《い》うときに使《つか》います。

「不安《ふあん》」と「心配《しんぱい》」も、意味《いみ》がちょっとちがいます。不安《ふあん》は、なんとなくそわそわした感《かん》じが強《つよ》いですが、心配《しんぱい》は、具体的《ぐたいてき》な何《なに》かが気《き》がかりだということです。言《い》いようがない不安《ふあん》に襲《おそ》われることはあっても、言《い》いようがない心配《しんぱい》に襲《おそ》われることはない。〝何《なに》か〟を心配《しんぱい》しています。

「努力《どりょく》」と「精進《しょうじん》」という言葉《ことば》もあります。「努力《どりょく》します」よりも「精《しょう》進《じん》します」のほうが、修行《しゅぎょう》しているみたいですね。一歩《いっぽ》ずつきびしい修《しゅ》行《ぎょう》をして、これから身《み》を律《りっ》して、欲望《よくぼう》に流《なが》されないでちゃんとやっていきます、ということです。

このように挙《あ》げていくと、似《に》ている言葉《ことば》でも、意味《いみ》がちょっとずつちがうことがわかります。それがおもしろいのです。言葉《ことば》をたくさん知《し》っていると、微妙《びみょう》なちがいがわかり、使《つか》い分《わ》けることができます。

言葉《ことば》の使《つか》い分《わ》けができないと、どうなるでしょう。

全部《ぜんぶ》を「やばい」や「かわいい」ですませてしまうかもしれません。クレヨンでたとえると、1、2色《しょく》しかない状態《じょうたい》です。1色《しょく》よりは12色《しょく》、12色《しょく》よりは24色《しょく》、24色《しょく》よりは120色《しょく》あったほうがいいですよね。白《しろ》だけでも100通《とお》りあると言《い》う人《ひと》もいます。

みなさんもぜひ、類義語《るいぎご》や擬態語《ぎたいご》を調《しら》べてみましょう。そして、これは意味《いみ》がちがうよね」というふうに、みんなで言《い》いあってみましょう。類義語《るいぎご》をたくさん知《し》っていると、自分《じぶん》の気持《きも》ちを的確《てきかく》に表《あらわ》せるようになります。うれしいときや、気持《きも》ちがもやもやしているときに、ぴったりの言葉《ことば》を当《あ》てはめて、豊《ゆた》かな表現《ひょうげん》ができるようになりますよ。

まとめ

- 類義語辞典《るいぎごじてん》で、似《に》ている言葉《ことば》のちがいを調《しら》べよう。
- どんな様子《ようす》かな？ どんな気持《きも》ちかな？ ぴったり当《あ》てはまる言葉《ことば》を選《えら》んで、使《つか》い分《わ》けよう。

4

知《し》る・読《よ》む

新聞《しんぶん》を読《よ》んで、世《よ》の中《なか》のことを知《し》っておくべし!

ぼくが小学生《しょうがくせい》のとき、日本《にほん》で歴史的《れきしてき》な出来事《できごと》がたくさんありました。70年《ねん》安保《あんぽ》闘争《とうそう》、沖縄《おきなわ》返還《へんかん》、日中国交正常化《にっちゅうこっこうせいじょうか》。それらがニュースになったことを覚《おぼ》えています。

なぜ覚《おぼ》えているかというと、新聞《しんぶん》を読《よ》む授業《じゅぎょう》があったからです。みんなが、家《いえ》でとっている新聞《しんぶん》を学校《がっこう》へ持《も》っていきました。そして気《き》になる記事《きじ》を切《き》りぬいて紙《かみ》に貼《は》り、解説《かいせつ》したのです。ぼくはそれを一生懸命《いっしょうけんめい》やった記憶《きおく》があります。新聞《しんぶん》の切《き》りぬきには、すごい効果《こうか》があります。

そのとき起《お》きた出来事《できごと》をずっと覚《おぼ》えていられるのです。

最近《さいきん》はネットニュースもありますが、切《き》りぬきがしやすいので、小学生《しょうがくせい》のうちは紙《かみ》の新聞《しんぶん》を読《よ》むのがおすすめです。

新聞《しんぶん》のよいところは、重要《じゅうよう》な情報《じょうほう》が大《おお》きな文字《もじ》で書《か》かれていることです。また、漢字《かんじ》が使《つか》われているので、内容《ないよう》が視覚的《しかくてき》にパッとわかります。

文字《もじ》で見《み》たものは、テレビやラジオのように情報《じょうほう》を音《おと》で聞《き》いたものよりも、頭《あたま》の中《なか》に強《つよ》く残《のこ》ることがあります。文字《もじ》はすごい力《ちから》をもっているのです。

まずは遊《あそ》びのような感覚《かんかく》でいいので、みなさんも新聞記事《しんぶんきじ》を切《き》りぬいて、ノートにまとめてみましょう。左側《ひだりがわ》のページに記事《きじ》を貼《は》り、右側《みぎがわ》のページには、どうしてこの記事《きじ》を選《えら》んだのか、この記事《きじ》は何《なに》を言《い》っているのか、読《よ》んで自分《じぶん》はどう思《おも》ったのかを書《か》きます。そうすると、頭《あたま》をすごく整理《せいり》できます。

もし家《いえ》で紙《かみ》の新聞《しんぶん》をとっていない場合《ばあい》は、ネットニュースをプリントアウトして、それを貼《は》ってもいいですね。

ぼくは小学校《しょうがっこう》の先生《せんせい》に「新聞《しんぶん》でいちばん大事《だいじ》なところはどこでしょう」と聞《き》かれたことを覚《おぼ》えています。多《おお》くの人《ひと》は「一面《いちめん》です」とこたえるでしょう。しかし先生《せんせい》は、「一面《いちめん》と同《おな》じように大事《だいじ》なのが社説《しゃせつ》です」と教《おし》えてくれました。社説《しゃせつ》

というのは、その新聞《しんぶん》を出《だ》している新聞社《しんぶんしゃ》の考《かんが》えのこと。新聞社《しんぶんしゃ》が今《いま》いちばん言《い》いたいことです。

みんなで社説《しゃせつ》を切《き》りぬいて、それを読《よ》んで解説《かいせつ》しあいました。みなさんもぜひ探《さが》して読《よ》んでみてください。

今《いま》、世《よ》の中《なか》で何《なに》が起《お》きているかを知《し》るのは、とても大事《だいじ》なことです。なぜならぼくたちは、今《いま》この時代《じだい》を生《い》きているからです。

2024年《ねん》は何《なに》が起《お》きているでしょう。数年前《すうねんまえ》からウクライナがロシアに侵攻《しんこう》され続《つづ》けています。それを知《し》らないわけにはいきません。今《いま》まさに起《お》こっていることに興味《きょうみ》や関心《かんしん》をもつことが大切《たいせつ》です。

ぼくが教《おし》えている大学生《だいがくせい》に、新聞記事《しんぶんきじ》を切《き》りぬいて貼《は》るノート作《づく》りを2週間《しゅうかん》やってもらいました。

すると、「今《いま》まで聞《き》きのがしていたニュースが目《め》に留《と》まるようになった」「新《あたら》しい知識《ちしき》を得《え》るきっかけや、頭《あたま》の中《なか》に知識《ちしき》を蓄《たくわ》える基地《きち》みたいなものができた」。そんなふうに喜《よろこ》んでくれる人《ひと》が多《おお》くいました。つまり、世《よ》の中《なか》に対《たい》するアンテナが立《た》ったということです。

ノート作《づく》りが難《むずか》しい場合《ばあい》は、新聞《しんぶん》やインターネットで、自分《じぶん》が興味《きょうみ》をもてる記事《きじ》を見《み》つけて、ほかの人《ひと》に説明《せつめい》してみるといいですね。ニュースのキャスターになった気分《きぶん》で、起《お》きたことやその内容《ないよう》について、自分《じぶん》の考《かんが》えなども入《い》れて話《はな》してみましょう。

また、ニュースだけでなく、はやっているアニメや漫画《まんが》などの情報《じょうほう》も集《あつ》めてみましょう。流行《りゅうこう》のものを知《し》っていると、今《いま》の時代《じだい》に生《い》きているなという感《かん》じがしますよね。流行《りゅうこう》のものに流《なが》されたくないという人《ひと》もいますが、ぼくは、はやっているものは、そのときに触《ふ》れておくほうがいいと思《おも》います。「今《いま》、何《なに》がはやってる？」と、みんなで聞《き》きあってみてもいいですね。

まとめ

- 気《き》になる新聞《しんぶん》記《き》事《じ》を切《き》りぬいて、自分《じぶん》だけの解説《かいせつ》ノートを作《つく》ろう。
- 今《いま》、何《なに》が起《お》きている？　ニュースや流行《りゅうこう》をチェックしよう。

5

知《し》る・読《よ》む

本《ほん》を100冊《さつ》読《よ》むべし！

ぼくは小学生《しょうがくせい》のころから本《ほん》がすごく好《す》きでした。家《いえ》には本《ほん》がたくさんあったし、父《ちち》と書店《しょてん》に行《い》くたびに、本《ほん》を1冊《さつ》買《か》ってもらいました。イギリスの劇作家《げきさっか》で詩人《しじん》でもあるシェイクスピア作《さく》の物語《ものがたり》など、大人《おとな》が読《よ》むような、ちょっと難《むずか》しい内容《ないよう》の本《ほん》にもチャレンジしましたよ。

今《いま》ふり返《かえ》ってみると、小学生《しょうがくせい》はすごく意欲《いよく》がある年《とし》ごろです。なので思《おも》いきって、「100冊《さつ》、本《ほん》を読《よ》んでみる」という目標《もくひょう》を立《た》ててみませんか。100冊《さつ》というと、とても多《おお》い気《き》がしますが、ページ数《すう》が少《すく》なくて読《よ》みやすい本《ほん》も含《ふく》めていいのです。楽《たの》しいものはどんどん読《よ》めるので、100冊《さつ》は、一年間《いちねんかん》で読《よ》むことができる量《りょう》です。

読書《どくしょ》のいいところは、「本《ほん》の中《なか》にある世界《せかい》」に入《はい》っていけることです。ドラえもんは、どこでもドアというひみつ道具《どうぐ》を持《も》っています。そのドアを開《ひら》くように、ぼくたちも本《ほん》の中《なか》にある世界《せかい》に入《はい》っていけるのです。これはとてもすばらしいことですね。

本《ほん》は、不思議《ふしぎ》なものです。ただ文字《もじ》が並《なら》んでいるだけなのに、わくわくしたり、どきどきしたり、心配《しんぱい》になったり、この人《ひと》はすごいなと勉強《べんきょう》になったりします。

ぼくは小学校《しょうがっこう》の図書室《としょしつ》で、伝記《でんき》のコーナーが好《す》きでした。伝記《でんき》は、読《よ》み始《はじ》めると止《と》まらないのです。やる気《き》に火《ひ》がつきます。

有名《ゆうめい》な野口英世《のぐちひでよ》やシュバイツァーから始《はじ》まって、5冊《さつ》、10冊《さつ》、20冊《さつ》と、とにかく伝記《でんき》のコーナーの本《ほん》を片《かた》っ端《ぱし》から読《よ》もうと思《おも》ったのです。北里《きたさと》柴三郎《しばさぶろう》、津田梅子《つだうめこ》、渋沢栄一《しぶさわえいいち》といった、2024年《ねん》から発行《はっこう》されるお札《さつ》の肖像画《しょうぞうが》になる人《ひと》たちの話《はなし》も図書室《としょしつ》にあると思《おも》います。ぼくは物語《ものがたり》も好《す》きですが、伝記《でんき》は、今《いま》の自分《じぶん》をつくってくれた気《き》がします。

みなさんが尊敬《そんけい》する人物《じんぶつ》はだれですか？　どんな人《ひと》になりたいですか？　伝記《でんき》を読《よ》んでいると、この質問《しつもん》にこたえやすくなります。

ぼくは、ノーベル賞《しょう》をつくった化学者《かがくしゃ》・ノーベルの伝記《でんき》が好《す》きでした。ノーベルは、ダイナマイトの発明《はつめい》ですごくお金《かね》をもうけた人物《じんぶつ》です。ところがダイナマイトは、土木工事《どぼくこうじ》だけでなく、戦争《せんそう》にも使《つか》われてしまいました。自分《じぶん》の発明《はつめい》がそんな悪《わる》いことに使《つか》われるのは残念《ざんねん》だと思《おも》ったノーベルが、世界《せかい》の平和《へいわ》と発展《はってん》を願《ねが》って、ノーベル賞《しょう》という賞《しょう》をつくったといわれています。

伝記《でんき》からは、生《い》き方《かた》や考《かんが》え方《かた》を学《まな》ぶことができます。伝記《でんき》や自伝《じでん》を読《よ》むと、自《じ》分《ぶん》もこういう生《い》き方《かた》がしたいなと思《おも》える人《ひと》が見《み》つかると思《おも》います。ぼくは中学受《ちゅうがくじゅ》験《けん》のときの面接《めんせつ》で、尊敬《そんけい》する人物《じんぶつ》としてノーベルの話《はなし》をしました。みなさんも、まずは図書室《としょしつ》にある本《ほん》を読《よ》んでみて、この人《ひと》の伝記《でんき》は持《も》っておきたいと思《おも》ったら、買《か》って手元《てもと》に置《お》いておくといいと思《おも》います。

歴史上《れきしじょう》の人物《じんぶつ》だけでなく、今《いま》の時代《じだい》を

生《い》きている人《ひと》についての本《ほん》でもいいですよ。あこがれの人《ひと》が自分《じぶん》のことを書《か》いた本《ほん》や、あこがれの人《ひと》について書《か》かれた本《ほん》なら、興味《きょうみ》をもって楽《たの》しく読《よ》めると思《おも》います。たとえば、メジャーリーガーの大谷翔平選手《おおたにしょうへいせんしゅ》にあこがれているなら、大谷選手《おおたにせんしゅ》が言《い》った言葉《ことば》をまとめた本《ほん》を読《よ》んでみましょう。

それから、絵本《えほん》もいいですね。ぼくは子《こ》どもを育《そだ》てるとき、絵本《えほん》を100冊読《さつよ》むということをやりました。まず図書館《としょかん》に行《い》き、子《こ》どもに読《よ》みたい絵本《えほん》を見《み》つけてもらいます。読《よ》んでみて、すごく気《き》に入《い》ったものを買《か》いました。

たとえば『100万回生《まんかいい》きたねこ』は、奥《おく》の深《ふか》い物語《ものがたり》が描《えが》かれています。絵《え》も印象的《いんしょうてき》ですね。絵本《えほん》は、絵《え》と物語《ものがたり》がセットで心《こころ》に入《はい》ってくるので、人《ひと》の心《こころ》を育《そだ》てるのにとてもいいものです。

100冊《さつ》すべて、分厚《ぶあつ》い本《ほん》である必要《ひつよう》はありません。たまには絵本《えほん》のように手軽《てがる》に読《よ》める本《ほん》もはさみながら、チャレンジしてみましょう。

まとめ

- 伝記《でんき》、自伝《じでん》、絵本《えほん》など、読《よ》みやすいものを選《えら》ぼう。
- 本《ほん》を読《よ》むと、人生《じんせい》の目標《もくひょう》になる人物《じんぶつ》に出《で》あえるよ。

知《し》る・読《よ》む

6

漢字《かんじ》のすごさを知《し》るべし！

日本列島《にほんれっとう》には古来《こらい》、「大和言葉《やまとことば》」といわれる言葉《ことば》がありました。しかし、それには文字《もじ》がありませんでした。声《こえ》の「音《おん》」のみだったのです。そこへ、中国《ちゅうごく》から漢字《かんじ》がやってきて、音に漢字《かんじ》を当《あ》てはめました。そして日《に》本《ほん》でも漢字《かんじ》（文字《もじ》）を使《つか》うようになりました。

ぼくの名前《なまえ》の漢字《かんじ》は親孝行《おやこうこう》の「孝」で、読《よ》み方《かた》は「たかし」です。「こう」は音読《おんよ》みで、「たかし」は大和言葉《やまとことば》。日本語《にほんご》で使《つか》う漢字《かんじ》には、中国《ちゅうごく》の漢字《かんじ》に由来《ゆらい》する音読《おんよ》みと、大和言葉《やまとことば》の読《よ》み方《かた》（訓読《くんよ》み）があります。

漢字《かんじ》のすごさとは、なんでしょう。たとえば、「信」という字《じ》があります。漢字《かんじ》は、その一文字《いちもじ》が意味《いみ》をもちます。「信」の一文字《いちもじ》だけで、それがどういう意味《いみ》かパッとわかりますね。日本語《にほんご》では「信《しん》じる」という言葉《ことば》で使《つか》われています。

いっぽう、英語《えいご》のアルファベットは一文字《いちもじ》ずつに意味《いみ》があるわけではありません。「trust《トラスト》」という5文字《もじ》がくっついて初《はじ》めて「信《しん》じる」という意味《いみ》を表《あらわ》します。

漢字《かんじ》のおもしろさは、漢字《かんじ》と漢字《かんじ》をくっつけて、いろいろな言葉《ことば》ができることです。これを熟語《じゅくご》といいます。「信」という文字《もじ》を使《つか》って、熟《じゅく》語《ご》をつくってみましょう。何個《なんこ》つくれますか。

「信」の上《うえ》に別《べつ》の漢字《かんじ》をつけると「自信《じしん》」「確信《かくしん》」、下《した》に別《べつ》の漢字《かんじ》をつけると「信用《しんよう》」「信頼《しんらい》」などの言葉《ことば》ができます。二字熟語《にじじゅくご》だけでなく、三文字《さんもじ》、四文字《よんもじ》と漢字《かんじ》をくっつけることもできます。熟語《じゅくご》をつくることもできますね。信《しん》じられる友《とも》だちを「信友」と書《か》いてもいい。熟語《じゅくご》は、漢字《かんじ》を結《むす》びつけると、どんどん増《ふ》えていきます。

現存《げんそん》する、日本《にほん》でもっとも古《ふる》い歌集《かしゅう》『万葉集《まんようしゅう》』は、もともとは漢字《かんじ》だけで書《か》かれていました。文字《もじ》のなかった大和言葉《やまとことば》の歌《うた》（和歌《わか》）に、中国《ちゅうごく》からの漢字《かんじ》を当《あ》てはめたものだからです。それには「音《おん》」で当《あ》てはめる方法《ほうほう》と、「意味《いみ》」で当《あ》てはめる方法《ほうほう》の、二通《ふたとお》りのやり方《かた》があります。

音《おん》で当《あ》てはめる方法《ほうほう》は、一文字一文字《ひともじひともじ》が大和言葉《やまとことば》に対応《たいおう》しています。これが万葉仮名《まんようがな》で、のちにひらがなやカタカナが生《う》まれました。

「ひむ《ん》がしの　のにかぎろひ《い》の　たつみえて　かへ《え》りみすれば　つきかたぶきぬ」（作《さく》・柿本人麻呂《かきのもとのひとまろ》）という歌《うた》は、「東野炎立所見而反見為者月西渡」と書《か》かれていました。これは意味《いみ》で当《あ》てはめるものです。今《いま》、万葉集《まんようしゅう》の歌《うた》をひらがなで読《よ》むことができるのは、漢字《かんじ》の読《よ》み方《かた》を調《しら》べた人《ひと》がいたからです。

江戸時代《えどじだい》のなかごろ、賀茂真淵《かものまぶち》という人《ひと》が『万葉集《まんようしゅう》』を研究《けんきゅう》しました。漢字《かんじ》（万葉仮名《まんようがな》）で書《か》かれた和歌《わか》を調《しら》べ、大和言葉《やまとことば》のもとの音《おん》を解析《かいせき》したのです。読《よ》み方《かた》は、複数《ふくすう》ある場合《ばあい》もあります。

真淵《まぶち》には、たくさんの弟子《でし》がいました。

そのひとりである本居宣長《もとおりのりなが》は、現存《げんそん》す

る日本《にほん》でもっとも古《ふる》い書物《しょもつ》『古事記《こじき》』の読《よ》み方《かた》を解析《かいせき》しています。文字《もじ》がない大和言葉《やまとことば》に漢字《かんじ》を当《あ》てる。そして、のちの時代《じだい》に、その漢字《かんじ》からもとの大和言葉《やまとことば》の読《よ》み方《かた》をひもといた。日本語《にほんご》は、すごく不思議《ふしぎ》な言葉《ことば》です。

漢字一文字《かんじいちもじ》が、どうしてその意味《いみ》をもったのかがわかると、漢字《かんじ》は覚《おぼ》えやすいものです。

たとえば、「道《みち》」という字《じ》があります。この漢字《かんじ》には、「首《くび》」という漢《かん》字《じ》が含《ふく》まれていますね。なぜでしょうか。

漢字《かんじ》の成《な》り立《た》ちを研究《けんきゅう》した、白川静《しらかわしずか》さんという博士《はかせ》がいます。白川《しらかわ》さんの本《ほん》によると、昔《むかし》は、よその土地《とち》を進《すす》むときに、そこにいる悪《わる》い霊《れい》を取《と》り除《のぞ》く、除霊《じょれい》の風習《ふうしゅう》がありました。そのとき敵《てき》の首《くび》を持《も》って歩《ある》いたため、「道《みち》」には「首《くび》」という字《じ》が入《はい》ったそうです。怖《こわ》い由来《ゆらい》ですね。

漢字《かんじ》は、文字《もじ》の組《く》み合《あ》わせでできています。漢字《かんじ》を分解《ぶんかい》してみると、複雑《ふくざつ》そうな文字《もじ》でも成《な》り立《た》ちがわかります。

みなさんも、漢字《かんじ》の成《な》り立《た》ちが書《か》かれた本《ほん》を読《よ》んでみましょう。「木《き》」「林《はやし》」「森《もり》」は、木《き》の形《かたち》や規模《きぼ》を表《あらわ》していて、わかりやすいですね。ほかにも、ちょっと怖《こわ》かったり、おもしろかったりする漢字《かんじ》の由来《ゆらい》を調《しら》べることができます。成《な》り立《た》ちを知《し》ったら、覚《おぼ》えた漢字《かんじ》で熟語《じゅくご》をつくってみてください。

まとめ

- 漢字《かんじ》は、その一文字《いちもじ》が意味《いみ》をもっているよ。
- 漢字《かんじ》の成《な》り立《た》ち調《しら》べや熟語《じゅくご》づくりをしてみよう。

7
知《し》る・読《よ》む

大和言葉《やまとことば》のすばらしさを知《し》るべし！

日本語《にほんご》は、「大和言葉《やまとことば》」がおおもとになっています。大和言葉《やまとことば》とは、漢字《かんじ》が日本《にほん》に入《はい》ってくる前《まえ》からあった言葉《ことば》のことです。

たとえば、「春《はる》」「夏《なつ》」「秋《あき》」「冬《ふゆ》」という季節《きせつ》を表《あらわ》す言葉《ことば》は、大和言葉《やまとことば》です。でも、「季節《きせつ》」は音読《おんよ》みで、大和言葉《やまとことば》ではありません。中国《ちゅうごく》から取《と》り入《い》れた漢字《かんじ》の読《よ》み方《かた》がもとになっています。

大和言葉《やまとことば》は、言葉《ことば》と言葉《ことば》がつながっています。

「春《はる》」という言葉《ことば》を聞《き》いたとき、みなさんはどんな感《かん》じがしますか。「うらかか」な季節《きせつ》を思《おも》いうかべるでしょうか。

春《はる》には、「張《は》る」「晴《は》れる」という感覚《かんかく》があります。たとえば、春《はる》は、花《はな》のつぼみがふくらんで張《は》ってきますね。「気持《きも》ちが晴《は》れる」という言《い》い方《かた》もあります。「春《はる》」は、ほかの「はる」という言葉《ことば》がもつ意味《いみ》とつながっているのです。

「はな」はどうでしょう。「鼻《はな》」と「花《はな》」はまったく別《べつ》のものに思《おも》うかもしれませんが、大和言葉《やまとことば》では、つながっています。

「はな」には、「突端《とったん》、先《さき》っぽ」という意味《いみ》があります。たとえば、「初《しょ》っぱな」は「最初《さいしょ》、先《さき》」ということ。景色《けしき》を見《み》ていて、岬《みさき》みたいな陸地《りくち》の突端《とったん》のことを「あの端《はな》」と言《い》うこともあります。つまり、「鼻《はな》」は顔《かお》の突《つ》き出《で》ているところをいい、「花《はな》」は地面《じめん》から突《つ》き出《で》ているものをいうのです。

言葉《ことば》のつながりの例《れい》をもう少《すこ》し見《み》てみましょう。

『もののけ姫《ひめ》』というアニメ映画《えいが》を観《み》たことがありますか。「もの」がつく言葉《ことば》には、「もののけ」「物語《ものがたり》」などがあります。

「もの」は、鬼《おに》や霊魂《れいこん》のように霊力《れいりょく》をもったものをいい、現実《げんじつ》ではない世界《せかい》の存在《そんざい》のことです。「もの」を語《かた》るのが「物語《ものがたり》」。「もののけ」は幽霊《ゆうれい》やお化《ば》けのことをいい、「け」には怪物《かいぶつ》の「怪」の字《じ》を当《あ》てることがあります。

大和言葉《やまとことば》は、一文字《いちもじ》、一音《いちおん》でもいろいろなことを表《あらわ》し、そこには「感覚《かんかく》」のようなものが含《ふく》まれています。

たとえば、「ここ」「そこ」「あそこ」、あるいは「これ」「それ」「あれ」は、少《すこ》しずつ意味《いみ》がちがいますね。また、「この話《はなし》」「その話《はなし》」「あの話《はなし》」、「この人《ひと》」「その人《ひと》」「あの人《ひと》」もそれぞれちがいます。こういったちがいがわかると、言葉《ことば》を上手《じょうず》に使《つか》えます。

おもしろい由来《ゆらい》をもつ大和言葉《やまとことば》の例《れい》を紹介《しょうかい》します。

「たそがれ時《どき》」とは夕方《ゆうがた》のことです。古《ふる》くは「たそかれ」といって、「誰《た》そ彼《かれ》は」が由来《ゆらい》です。これは、「だれなの、あの人《ひと》は」という意味《いみ》。夕方《ゆうがた》は、だんだん暗《くら》くなりますよね。外《そと》で人《ひと》に会《あ》っても顔《かお》が見《み》えにくいので、「たそがれ時《どき》」という言葉《ことば》ができました。

「さようなら」というあいさつも、由《ゆ》

来《らい》がおもしろい言葉《ことば》です。大和言葉《やまとことば》の「さ」は「そのよう」という意味《いみ》で、もとは「さようならば」といいました。「そのようなことであるならば、そろそろお別《わか》れしないといけませんね」。日本人《にほんじん》は、人《ひと》と別《わか》れるとき「次《つぎ》に用事《ようじ》があるんですか。そういうご事情《じじょう》であれば仕方《しかた》ありませんね」と相手《あいて》を思《おも》いやっていたわけです。

今《いま》では、人《ひと》と別《わか》れるとき「バイバイ」とも言《い》いますね。これはカタカナ語《ご》です。日本語《にほんご》は、柔軟《じゅうなん》に外来語《がいらいご》を取《と》り入《い》れてきました。カタカナ語《ご》が増《ふ》えすぎるとわかりにくいですが、外来語《がいらいご》は必要《ひつよう》なときに使《つか》えると便《べん》利《り》です。外国語《がいこくご》を学《まな》ぶことで、日本語《にほんご》のよさに気《き》づくこともあります。大和言葉《やまとことば》だけでなく、ほかの国《くに》の言葉《ことば》も大事《だいじ》にしましょう。

日本《にほん》にはアイヌ語《ご》もあります。使《つか》う人《ひと》が少《すく》なくなっているといわれますが、たとえば、神《かみ》を意味《いみ》する「カムイ」がつく言葉《ことば》を調《しら》べるだけでも、その奥深《おくぶか》さがわかるでしょう。

百人一首《ひゃくにんいっしゅ》は、大和言葉《やまとことば》がすごくきれいです。有名《ゆうめい》な一首《いっしゅ》は「ちはやぶる　神代《かみよ》も聞《き》かず　竜田川《たつたがわ》　からくれなゐ《い》に　水《みず》くくるとは」でしょうか。百人一首《ひゃくにんいっしゅ》を、まずは三《みっ》つ覚《おぼ》えてみましょう。

また、はやりの歌《うた》の中《なか》にある大和言葉《やまとことば》を見《み》つけたり、大和言葉《やまとことば》の色《いろ》の名前《なまえ》を調《しら》べたりするのもいいですね。

まとめ

- 大和言葉《やまとことば》は、言葉《ことば》と言葉《ことば》がつながっているよ。
- 百人一首《ひゃくにんいっしゅ》を三《みっ》つ覚《おぼ》えよう。きれいな大和言葉《やまとことば》だよ。

コラム 読書《どくしょ》感想《かんそう》文《ぶん》を書《か》く意味《いみ》

気《き》に入《い》った本《ほん》に出《で》あったら、短《みじか》い文章《ぶんしょう》でもいいので感想《かんそう》を書《か》き残《のこ》しておきましょう。読書感想文《どくしょかんそうぶん》は自分《じぶん》のための記録《きろく》になります。たとえば、山登《やまのぼ》りをしたとしますね。自分《じぶん》がせっかく登《のぼ》った山《やま》だから、記念《きねん》に山頂《さんちょう》で写真《しゃしん》を撮《と》りたい、という気持《きも》ちになりませんか。山《やま》を登《のぼ》りきった後《あと》に記念撮影《きねんさつえい》をするように、本《ほん》なら文章《ぶんしょう》で、その思《おも》い出《で》を記録《きろく》に残《のこ》します。

ぼくのおすすめは、その本《ほん》の中《なか》で気《き》に入《い》った文章《ぶんしょう》ベスト3《スリー》を書《か》くこと。読《よ》みながら、候補《こうほ》になりそうな文《ぶん》にふせんを貼《は》るなどしておくと、あとで探《さが》しやすいです。加《くわ》えて、なぜいいと思《おも》ったのかを書《か》きます。自分《じぶん》の経験《けいけん》とつなげるのもいいですね。

2章《しょう》

書《か》く・言《い》う ミッション

8

書《か》く・言《い》う

心《こころ》をこめて手紙《てがみ》を書《か》くべし！

今《いま》の時代《じだい》はSNS《エスエヌエス》が盛《さか》んです。伝《つた》えたいことはSNS《エスエヌエス》でメッセージやメールを送《おく》ればすみますが、手紙《てがみ》を書《か》く練習《れんしゅう》をしておいたほうがいいと思《おも》います。

SNS《エスエヌエス》と手紙《てがみ》は全然《ぜんぜん》ちがうものです。手紙《てがみ》には、まちがえないように書《か》こうという緊張感《きんちょうかん》があります。自分《じぶん》が考《かんが》えていることをじっくり見《み》つめ直《なお》す機会《きかい》にもなりますし、言葉《ことば》を選《えら》びながら書《か》く練習《れんしゅう》にもなります。

あらたまった手紙《てがみ》の場合《ばあい》、はじめに「拝啓《はいけい》」と書《か》き、「敬具《けいぐ》」で終《お》えます。「前略《ぜんりゃく》」と書《か》き始《はじ》めて「草々《そうそう》」で終《お》えることもあります。

また、出《で》だしに季節《きせつ》のあいさつを書《か》くこともあります。たとえば、「寒《さむ》さの中《なか》に、春《はる》の気配《けはい》を感《かん》じるころとなりました。」や、「梅雨《つゆ》が長引《ながび》いていますが、いかがお過《す》ごしでしょうか。」というようなことを書《か》きます。

手紙《てがみ》は形式《けいしき》がしっかり決《き》まっていますから、その形式通《けいしきどお》りにすると書《か》きやすいです。便箋《びんせん》に書《か》くのは気《き》が重《おも》いなと思《おも》ったら、はがきでもいいですね。

くり返《かえ》しやっていると、手紙《てがみ》を書《か》くことが上手《じょうず》になります。すると、大人《おとな》になって、いざ書《か》こうというときにあわてずにすみます。

ぼくは、上皇后《じょうこうごう》の美智子《みちこ》さまに手紙《てがみ》を書《か》いたことがあります。便箋《びんせん》と封筒《ふうとう》を買《か》ってきて、一文字《ひともじ》一文字《ひともじ》、まちがえないように丁寧《ていねい》に書《か》きました。ぼくは、字《じ》が上手《じょうず》か下手《へた》かは、あまり重要《じゅうよう》ではないと思《おも》います。できるだけ丁寧《ていねい》に、自分《じぶん》の字《じ》で書《か》くことが大事《だいじ》です。

鎌倉時代《かまくらじだい》に兼好法師《けんこうほうし》が書《か》いた『徒然草《つれづれぐさ》』には、自分《じぶん》の字《じ》が下手《へた》だからといって自分《じぶん》の字《じ》で手紙《てがみ》を書《か》かないのはよくない。そんなことは気《き》にしないで、どんどん書《か》いたほうがいい、というようなことが書《か》かれています。

ぼくは昔《むかし》、名曲《めいきょく》『見上《みあ》げてごらん夜《よる》の星《ほし》を』『上《うえ》を向《む》いて歩《ある》こう』などを作詞《さくし》した永六輔《えいろくすけ》さんから、お礼《れい》のはがきをもらったことがあります。永六輔《えいろくすけ》さんはラジオ番組《ばんぐみ》のパーソナリティーをしていたとき、番組《ばんぐみ》にははがきを送《おく》ってくれたリスナーに自筆《じひつ》で返事《へんじ》を書《か》いていたそうです。すごいですよね。

『ちびまる子《こ》ちゃん』の作者《さくしゃ》・さくらももこさんからも、お礼《れい》の手紙《てがみ》をもらったことがあります。

また、黒柳徹子《くろやなぎてつこ》さんは、ぼくが『徹子《てつこ》の部屋《へや》』というテレビ番組《ばんぐみ》に出《で》た後《あと》、写真《しゃしん》付《つ》きの自筆《じひつ》の色紙《しきし》を送《おく》ってくれました。いただいた手紙《てがみ》や色紙《しきし》は、ぼくの宝物《たからもの》です。

自分《じぶん》の字《じ》で書《か》いたものを人《ひと》に送《おく》ってみる。そういった色紙《しきし》、手紙《てがみ》やはがきなどは、すごく心《こころ》がこもっている感《かん》じがします。

短《みじか》い文章《ぶんしょう》なら、小《ちい》さなカードに書《か》いてわたすのもいいでしょう。イラスト付《つ》きのカードや、バースデーカードなども売《う》っています。絵《え》はがきもいいですね。

ちなみに、ぼくはカードや色紙《しきし》を書《か》くとき、絵文字《えもじ》のように、にここマークを描《か》くことにしています。文章《ぶんしょう》の最後《さいご》に付《つ》けておくと、かわいく見《み》えるし、楽《たの》しい気分《きぶん》になれるのです。

ぼくが子《こ》どものころは、お世話《せわ》になった先生《せんせい》や、転校《てんこう》した友《とも》だちにも手紙《てがみ》を送《おく》りましたが、今《いま》はそういったことは少《すく》ないでしょうか。特《とく》に本格的《かくてき》な手紙《てがみ》は、なかなか書《か》く機会《きかい》がないのかもしれません。

まずは、はがきを買《か》ってきて、身近《みぢか》な、知《し》っている人《ひと》に出《だ》してみましょう。たとえば、夏休《なつやす》みは暑中見舞《しょちゅうみま》いや残暑見舞《ざんしょみま》い、冬休《ふゆやす》みは年賀状《ねんがじょう》といったように、季節《きせつ》のあいさつを学校《がっこう》の先生《せんせい》あてに書《か》いて送《おく》るのもいいと思《おも》います。

まとめ

- 手紙《てがみ》を書《か》く練習《れんしゅう》をしよう。形式《けいしき》が決《き》まっているから書《か》きやすいよ。はがきやカードでもいいね。
- 自分《じぶん》の字《じ》で、丁寧《ていねい》に、心《こころ》をこめて書《か》こう。

9

書《か》く・言《い》う

キャッチフレーズでいいところをアピールせよ！

「キャッチフレーズ」、「キャッチコピー」というのは、ある商品《しょうひん》を売《う》ったり、ある人《ひと》を広《ひろ》く知《し》ってもらったりするときに使《つか》う短《みじか》い言葉《ことば》のことです。いいところをひと言《こと》で表《あらわ》して、聞《き》いた人《ひと》の心《こころ》をつかみます。

たとえば、「やめられない、とまらない」は、かっぱえびせんというお菓子《かし》のキャッチフレーズです。このお菓子《かし》は1960年代《ねんだい》に発売《はつばい》され、テレビのコマーシャルでこの言葉《ことば》が使《つか》われると、日本中《にほんじゅう》の人《ひと》が「やめられない、とまらない……」と言《い》いながら食《た》べるようになりました。

また、「セブン‐イレブンいい気分《きぶん》」は、セブン‐イレブンのキャッチフレーズです。杉山恒太郎《すぎやまこうたろう》さんという人《ひと》がつくったもので、ぼくは、杉《すぎ》山《やま》さんに「どんなふうにつくるのですか」と聞《き》いたことがあります。「ものすごく頭《あたま》を使《つか》います」と言《い》っていました。

できあがったものを聞《き》くと、すぐ思《おも》いつきそうな言葉《ことば》ですよね。でも、ああでもない、こうでもないとたくさんの案《あん》を出《だ》し、考《かんが》えぬいてひとつに決《き》めているのです。

人《ひと》の心《こころ》をキャッチする言葉《ことば》が、キャッチフレーズです。いいところを見《み》つけて言葉《ことば》にして伝《つた》えます。すると、その言葉《ことば》にみんなの関心《かんしん》が集《あつ》まり、世《よ》の中《なか》が盛《も》り上《あ》がります。

まずは、今《いま》の世《よ》の中《なか》にあるおもしろいキャッチフレーズを三《みっ》つ見《み》つけてみましょう。物《もの》ではなく、人《ひと》でもいいですよ。

たとえば、メジャーリーガーの大谷翔平選手《おおたにしょうへいせんしゅ》は、「二刀流《にとうりゅう》」がキャッチフレーズです。そもそも「二刀流《にとうりゅう》」とは、江戸時代《えどじだい》の剣術家《けんじゅつか》・宮本武蔵《みやもとむさし》の戦術《せんじゅつ》のこと。武蔵《むさし》は、右手《みぎて》にも左手《ひだりて》にも剣《けん》を持《も》って戦《たたか》いました。大谷選手《おおたにせんしゅ》は、ピッチャーでありバッターでもあるので、二刀流《にとうりゅう》という言葉《ことば》がぴったりです。

次《つぎ》に、何《なに》かの商品《しょうひん》を売《う》る人《ひと》になったつもりで、心《こころ》をつかむキャッチフレーズを自分《じぶん》でつくってみましょう。パスタ店《てん》やラーメン店《てん》など、お店《みせ》そのものにつけるのもいいですね。

自分《じぶん》の好《す》きなものに対《たい》してであれば、キャッチフレーズをつけやすいですよ。
たとえば、ぼくは、福沢諭吉《ふくざわゆきち》の『学問《がくもん》のすゝめ《す》』という好《す》きな本《ほん》を紹介《しょうかい》するとき、「全国民必読《ぜんこくみんひつどく》の書《しょ》」というフレーズを考《かんが》えました。印象《いんしょう》に強《つよ》く残《のこ》るような言葉《ことば》になったと思《おも》います。

お店《みせ》で売《う》る商品《しょうひん》だけでなく、キャッチフレーズは、何《なに》につけてもいいのです。キャラクターやタレント、ぬいぐるみなど、どんなものにも、その存在《そんざい》をかがやかせるようないい言葉《ことば》があるはずです。

『ハイキュー!!』というバレーボールの漫画《まんが》があります。主人公《しゅじんこう》の日向君《ひなたくん》は「最強《さいきょう》の囮《おとり》」という異名《いみょう》をもちます。体《からだ》は小《ちい》さいけれどジャンプ力《りょく》がある。敵《てき》のチームが日向君《ひなたくん》をマークすると、味方《みかた》のチームメイトはフリーになれます。「おとり」はほめ言葉《ことば》ではないですが、「最強《さいきょう》の囮《おとり》」はキャッチフレーズとしてかっこいいですよね。

自分《じぶん》のペットにつけるのもいいですね。ぼくは犬《いぬ》を飼《か》っています。「コロコロころがるコロンちゃん」「なんでもぱくぱく食《た》べちゃうコロンちゃん」のように、まずはかんたんなフレーズでいいのです。

自分自身《じぶんじしん》にキャッチフレーズをつけるのも、おもしろいです。「○○だけど本当《ほんとう》は△△」というような、つくりやすいパターンがあります。

「最初《さいしょ》は人見知《ひとみし》りですが、仲良《なかよ》くなったらすごく打《う》ち解《と》けて話《はな》す山田《やまだ》です」といったように、自己紹介《じこしょうかい》にも使《つか》えます。

小学生《しょうがくせい》のうちは、遊《あそ》び感覚《かんかく》でつくってみましょう。つくったら、人《ひと》に言《い》ったり見《み》せたりすることが大事《だいじ》です。自分《じぶん》が商品《しょうひん》の宣伝担当《せんでんたんとう》になった気分《きぶん》で「キャッチフレーズをつけてみたよ」とおうちの人《ひと》に話《はな》すと、盛《も》り上《あ》がるかもしれません。

まとめ

- キャッチフレーズは、人《ひと》の心《こころ》をつかむ短《みじか》い言葉《ことば》だよ。
- 好《す》きなものにキャッチフレーズをつけよう。できあがったら、おうちの人《ひと》や友《とも》だちに発表《はっぴょう》しよう。

10

書《か》く・言《い》う

言霊《ことだま》の力《ちから》を借《か》りるべし！

ぼくは、言葉《ことば》には特別《とくべつ》な力《ちから》があると思《おも》っています。

なぜぼくが、こんなに言葉《ことば》を大事《だいじ》にしてきたのか。それは、言葉《ことば》がもつ力《ちから》が人《ひと》の心《こころ》を動《うご》かし続《つづ》けてきたからだと思《おも》います。言葉《ことば》にやどる力《ちから》のことを「言霊《ことだま》」といいます。言葉《ことば》には魂《たましい》があるのです。

とてもびっくりしたことを「たまげた」と表現《ひょうげん》することがあります。「たまげた」は漢字《かんじ》で「魂消た」と書《か》き、魂《たましい》が消《き》えた様子《ようす》を表《あらわ》します。魂《たましい》が消《き》えるほどの思《おも》いをした、つまり、とても驚《おどろ》いたという意味《いみ》です。

「たま」は昔《むかし》からある大和言葉《やまとことば》で、大事《だいじ》な宝物《たからもの》、丸《まる》くてすごく大事《だいじ》なもののことをいいます。魂《たましい》もそうですね。

言霊《ことだま》とは、どういうことをいうのでしょう。言葉《ことば》は、それを口《くち》にすると現実《げんじつ》に力《ちから》をもつということです。

たとえば、「私《わたし》は何《なに》をやってもだめな人間《にんげん》」と自分《じぶん》を悪《わる》く言《い》う言葉《ことば》を使《つか》うと、そのマイナスパワーが発動《はつどう》してしまいます。あるいは、「本当《ほんとう》に自信《じしん》がない」と言《い》うたびに、どんどん自信《じしん》がなくなっていきます。そうではなく、「まだいける」「自分《じぶん》は大丈夫《だいじょうぶ》」などと言《い》っていると、その言葉《ことば》が力《ちから》になり、はげまされます。

つまり、言霊《ことだま》を意識《いしき》してプラスの言葉《ことば》を使《つか》えば、現実《げんじつ》がプラスの状況《じょうきょう》になっていくということです。「友《とも》だちが増《ふ》える」「絵《え》がうまくなる」

など、自分《じぶん》の願《ねが》いをいつも言葉《ことば》にしていると、なんだか叶《かな》いそうな気《き》がしてきます。

紙《かみ》に書《か》いてもいいいですね。プラスの言《こと》葉《ば》や目標《もくひょう》を紙《かみ》に文字《もじ》で書《か》くと、その言霊《ことだま》が自分《じぶん》によい影響《えいきょう》をあたえてくれます。

『東大一直線《とうだいいっちょくせん》』というギャグ漫画《まんが》では、東大《とうだい》（東京大学《とうきょうだいがく》）合格《ごうかく》を目指《めざ》す主人公《しゅじんこう》の部屋《へや》に、「東大一直線《とうだいいっちょくせん》」と書《か》いた紙《かみ》が貼《は》ってあります。そういうものがあると、東大《とうだい》に行《い》こうという意識《いしき》が高《たか》まり、一生懸命《いっしょうけんめい》に勉強《べんきょう》できますね。

言葉《ことば》には、気持《きも》ちを盛《も》り上《あ》げる力《ちから》があります。それは、自分《じぶん》が口《くち》にする言葉《ことば》だけでなく、人《ひと》にかけてもらう言葉《ことば》にもいえることです。

ぼくは小学生《しょうがくせい》のとき、「齋藤君《さいとうくん》は作文《さくぶん》がうまいね」と言《い》われたことがありました。それで、そうか、ぼくは作文《さくぶん》がうまいんだ、と思《おも》ったのです。「あなたは朗読《ろうどく》がとても上手《じょうず》だね。そういう仕事《しごと》に就《つ》いたらどう？」と言《い》われ、アナウンサーになった人《ひと》もいます。子《こ》どものときにかけられたほめ言葉《ことば》が、その後《ご》の人生《じんせい》に影響《えいきょう》をあたえたのです。

このように考《かんが》えてみると、言霊《ことだま》のマイナスパワーを使《つか》うのは、よくないことです。人《ひと》に嫌《いや》な言葉《ことば》を言《い》うと、その言葉《ことば》が相手《あいて》に取《と》りついてしまうかもしれません。「あなたにはきっとこれから嫌《いや》なことが起《お》こるよ」と言《い》ったら、言《い》われた人《ひと》は嫌《いや》な気分《きぶん》になります。

みなさんは、自分《じぶん》の名前《なまえ》が好《す》きですか。名前《なまえ》にも、言霊《ことだま》があると思《おも》います。

ぼくの名前《なまえ》は「齋藤孝《さいとうたかし》」ですので、「孝」という文字《もじ》が言霊《ことだま》のように自分《じぶん》の中《なか》に入《はい》っています。ずっと「たかし」と呼《よ》ばれてきたので、そうですよね。

「孝」という漢字《かんじ》には、親孝行《おやこうこう》という意味《いみ》があります。なので、生《う》まれたときから、親孝行《おやこうこう》するように決《き》められていたような感《かん》じがします。だからなのか、小学生《しょうがくせい》のとき、ためたお金《かね》で両親《りょうしん》の結婚記念日《けっこんきねんび》に記念品《きねんひん》を買《か》ってわたしました。馬《うま》の形《かたち》をしたブックエンドや時計《とけい》などをデパートで買《か》って、毎年《まいとし》1月《がつ》にプレゼントしたのです。自分《じぶん》で言《い》ってしまいますが、親孝行《おやこうこう》ですよね。

言霊《ことだま》というものは、本当《ほんとう》にあると思《おも》います。言葉《ことば》の力《ちから》を信《しん》じて、使《つか》ってみましょう。自分《じぶん》が話《はな》したり、だれかに声《こえ》をかけたりするときは、プラスの言葉《ことば》を使《つか》うこと。そうすると、きっと現実《げんじつ》がよい方向《ほうこう》に進《すす》んでいきます。

まとめ

- 言葉《ことば》にはマイナスパワーもプラスパワーもあるよ。
- プラスの言葉《ことば》を使《つか》っていれば、現実《げんじつ》がプラスの方向《ほうこう》に動《うご》いていくよ。

11

書《か》く・言《い》う

なんでも五七五《ごーしちご》にしてみるべし！

にちようび
かいものをして
たのしいな
575

五音《ごおん》・七音《しちおん》・五音《ごおん》の言葉《ことば》をつなげて一文《いちぶん》にしたものを、「五七五《ごーしちご》」と呼《よ》ぶことがあります。五七五《ごーしちご》はリズミカルで、記憶《きおく》に残《のこ》りやすいのです。

たとえば、ぼくが子《こ》どものころに覚《おぼ》えた有名《ゆうめい》な五七五《ごーしちご》に、「飛《と》び出《だ》すな　車《くるま》は急《きゅう》に　止《と》まれない」というものがあります。リズムがいいので一回《いっかい》で覚《おぼ》えられますし、みんなが使《つか》いたくなります。

また、「火《ひ》の用心《ようじん》　マッチ一本《いっぽん》　火事《かじ》のもと」も名作《めいさく》です。「火《ひ》の用《よう》心《じん》」は6文字《もじ》ですが、まとまりがいいですね。ぼくが小《ちい》さいときはどこの家《いえ》にもマッチがあり、マッチを擦《す》って火《ひ》をつけることがあったのです。

本当《ほんとう》に、火事《かじ》のもとでした。

危《あぶ》ないので気《き》をつけようということをかんたんな言葉《ことば》で表《あらわ》した五七五《ごーしちご》は、みんなが覚《おぼ》えやすいですね。


五七五《ごーしちご》には、「俳句《はいく》」と「川柳《せんりゅう》」の2種類《しゅるい》があります。

俳句《はいく》には季語《きご》（季節《きせつ》を表《あらわ》す言葉《ことば》）を入《い》れるきまりがあります。

たとえば、「柿《かき》くへば　鐘《かね》が鳴《な》るなり　法隆寺《ほうりゅうじ》」（作《さく》・正岡子規《まさおかしき》）は、「柿《かき》」が秋《あき》の季語《きご》です。


ぼくは、松尾芭蕉《まつおばしょう》や小林一茶《こばやしいっさ》といった俳人《はいじん》（俳句《はいく》をつくる人《ひと》）も好《す》きです。芭蕉《ばしょう》は今《いま》の俳句《はいく》のおおもとをつくった人《ひと》で、「秋深《あきふか》き　隣《となり》は何《なに》をする人《ひと》ぞ」「古池《ふるいけ》や　蛙《かわず》飛《と》びこむ　水《みず》の音《おと》」「閑《しず》かさや　岩《いわ》にしみ入《い》る蝉《せみ》の声《こえ》」など、有名《ゆうめい》なものがたくさんあります。ぼくは何十句《なんじっく》も覚《おぼ》えました。

一茶《いっさ》の俳句《はいく》には、「雀《すずめ》の子《こ》　そこのけそこのけ　お馬《うま》が通《とお》る」「やせ蛙《がえる》　負《ま》けるな一茶《いっさ》　これにあり」などがあります。

そのほかにも、「大根引《だいこひ》き　大根《だいこ》で道《みち》を　教《おし》えけり」というのもあります。この句《く》では、「大根」を「だいこ」と読《よ》みます。「大根引《だいこひ》き」は、大根《だいこん》を作《つく》っている農家《のうか》の人《ひと》のこと。その人《ひと》が、道《みち》を聞《き》かれたとき、引《ひ》きぬいた泥《どろ》だらけの大根《だいこん》で、あっちだよと道《みち》を示《しめ》したということ

です。このように、状況《じょうきょう》がイメージできるとおもしろいですよね。

いっぽう、同《おな》じ五七五《ごーしちご》でも、川柳《せんりゅう》には季語《きご》を入《い》れるきまりがありません。人《ひと》の心《こころ》についてや、世《よ》の中《なか》の様子《ようす》など、テーマは自由《じゆう》です。

テレビ番組《ばんぐみ》『にほんごであそぼ』では、「ごもじもじ」というコーナーで五七五《ごーしちご》をつくってもらいました。小学生《しょうがくせい》も、もっと小《ちい》さい子《こ》も上手《じょうず》でしたよ。みなさんも、なんでも五七五《ごーしちご》にしてみましょう。

ぼくが先生《せんせい》をしている大学《だいがく》でも、学生《がくせい》に五七五《ごーしちご》の文《ぶん》をつくってもらいました。

出席《しゅっせき》を取《と》るとき、「はい」と返事《へんじ》をするかわりに、最近《さいきん》あったことを五七五《ごーしちご》で言《い》ってもらったのです。あまり難《むずか》しいことを考《かんが》えるとつくれないので、「朝起《あさお》きて　二度寝《にどね》をしたら　寝坊《ねぼう》した」というふうに、かんたんなものでいいと伝《つた》えました。

「里帰《さとがえ》り　弟眼鏡《おとうとめがね》　父《ちち》アフロ」は、田舎《いなか》に里帰《さとがえ》りした学生《がくせい》がつくったものです。弟《おとうと》が眼鏡《めがね》をかけ始《はじ》めていたこと、お父《とう》さんがアフロヘアになっていたことをよんだそうです。みんな上手《じょうず》で盛《も》り上《あ》がりました。

今《いま》、起《お》こっていることはなんだろう。きょうの出来事《できごと》や食《た》べたものなど、生活《せいかつ》の中《なか》の何気《なにげ》ないことを五七五《ごーしちご》にするとおもしろいですよ。なんでもいいので五七五《ごーしちご》で言《い》う習慣《しゅうかん》をつけてみましょう。

たとえば、お昼《ひる》ごはんがオムライスだったら、「オムライス　ケチャップかけたら　おいしいな」「ケチャップか　マヨか迷《まよ》うな　オムライス」「オムライス　レンジにかければ　なおおいし」など、気楽《きらく》に。

最初《さいしょ》のうちは、文字数《もじすう》が五七五《ごしちご》から少《すこ》しはみ出《だ》してしまっても、あまり気《き》にしないでください。

いい俳句《はいく》や川柳《せんりゅう》がたくさんあります。本《ほん》やインターネットで調《しら》べて、お気《き》に入《い》りの一句《いっく》を見《み》つけましょう。

まとめ

- どんな俳句《はいく》を知《し》っているかな？　いい俳句《はいく》をたくさん覚《おぼ》えて五七五《ごしちご》を好《す》きになろう。
- きょうはどんな出来事《できごと》があった？　五七五《ごしちご》にしてみよう。

コラム 「○○といえば～」でつなげて話《はな》そう

相手《あいて》と会話《かいわ》を続《つづ》けるにはコツがあります。相手《あいて》が「これが○○なんだよね」と言《い》ったら、「○○といえば△△だよね」というように、「○○といえば～」でつなげて話《はな》すのです。「○○といえば～」という言葉《ことば》は、なんでもくっつく接着剤《せっちゃくざい》みたいなものです。大学《だいがく》の授業《じゅぎょう》で、「○○といえば～」を使《つか》って、三人一組《さんにんひとくみ》で20周《しゅう》くらいやってもらいました。意外《いがい》と続《つづ》き、みんな楽《たの》しそうでした。相手《あいて》が、自分《じぶん》の言葉《ことば》を受《う》けて話《はな》してくれると気分《きぶん》がよいものです。

反対《はんたい》に、「全然話変《ぜんぜんはなしか》わるんだけど……」は、どうでしょうか。前《まえ》の人《ひと》の話《はなし》がつまらなかったように思《おも》われてしまうので、できればさけましょう。

おにぎり といえば うめぼし だよね
うめぼし といえば 赤《あか》いよね
赤《あか》い といえば ポスト だよね

3章《しょう》

聞《き》く・話《はな》す ミッション

キレよく話《はな》すべし！

話《はなし》の大事《だいじ》なポイントをおさえて、短《みじか》くまとめることを「要約《ようやく》」といいます。要約《ようやく》がうまくできるのは、何《なに》が大事《だいじ》かわかっているからです。

要約《ようやく》がうまくできない人《ひと》は、大事《だいじ》なことが何《なに》かつかみきれていないのかもしれません。要約力《ようやくりょく》を身《み》につけることは、頭《あたま》のキレのよさにもつながります。

ぼくは教科書《きょうかしょ》を読《よ》むとき、キーワード（カギになる大事《だいじ》な言葉《ことば》）に赤《あか》で丸《まる》を付《つ》けていました。そのうち、大事《だいじ》な言葉《ことば》が目《め》に飛《と》びこんでくるよ

うになります。教科書《きょうかしょ》によっては、大事《だいじ》な言葉《ことば》が太《ふと》い文字《もじ》になっていますね。

国語《こくご》でも社会《しゃかい》でも、キーワードはどんどん丸《まる》で囲《かこ》いましょう。それらをつなげて自分《じぶん》の言葉《ことば》で話《はな》す。それが要約《ようやく》の練習《れんしゅう》になります。

たとえば『桃太郎《ももたろう》』は、「桃《もも》から生《う》まれた桃太郎《ももたろう》」「鬼退治《おにたいじ》に行《い》く」が、外《はず》せないキーワードですね。これがあらすじの骨格《こっかく》です。

「犬《いぬ》とサルとキジに出《で》あう」「きび団子《だんご》をわたす」というのも重要《じゅうよう》です。さらに「鬼ケ島《おにがしま》に行《い》く」「宝物《たからもの》を持《も》って帰《かえ》る」といったキーワードを決《き》め、これらをつなげて文章《ぶんしょう》をつくります。

アニメでも漫画《まんが》でもいいのです。たとえば30分《ぷん》のアニメ番組《ばんぐみ》があったら、話《はなし》の前半《ぜんはん》が終《お》わった後《あと》、コマーシャル中《ちゅう》に要約《ようやく》を言《い》ってみます。あるいは、物語《ものがたり》が好《す》きなら、第《だい》1章《しょう》を読《よ》んだら要約《ようやく》する。第《だい》2章《しょう》を読《よ》んだら、また要約《ようやく》する。すると、全体《ぜんたい》の内容《ないよう》が頭《あたま》に入《はい》っていき、人《ひと》に話《はな》すことができるようになります。

自分《じぶん》でつくった要約《ようやく》は、記憶《きおく》に残《のこ》りやすいものです。手短《てみじか》に話《はな》せると、聞《き》く人《ひと》の時間《じかん》をむだにしません。

人《ひと》から上手《じょうず》な要約《ようやく》を聞《き》いたら、読《よ》んでみようとか、買《か》ってみようとか、あるいは買《か》わなくていい、などと判断《はんだん》できますね。

要約力《ようやくりょく》があると、相手《あいて》に会話《かいわ》のパスをうまく回《まわ》すことができます。これは、将来《しょうらい》の入試《にゅうし》や、その後《ご》の社会人生活《しゃかいじんせいかつ》でもずっと役《やく》に立《た》ちます。

話《はなし》を短《みじか》くまとめるには、秒単位《びょうたんい》で制限時間《せいげんじかん》を決《き》めておくのが効果的《こうかてき》。面倒《めんどう》ですが、秒数《びょうすう》はストップウォッチを使《つか》って計《はか》るのがおすすめです。

ぼくは大学《だいがく》で、100人《にん》の学生《がくせい》に新《あたら》しいタイプのAI《エーアイ》（人工知能《じんこうちのう》）について使《つか》い方《かた》のアイデアを発表《はっぴょう》してもらったとき、発表時間《はっぴょうじかん》をひとり5秒《びょう》にしました。代表《だいひょう》の何人《なんにん》かではなく、100人《にん》の意見《いけん》をすべて聞《き》けたら、すごく勉強《べんきょう》になります。

みんなが5秒《びょう》で発表《はっぴょう》できるように、練習《れんしゅう》しました。すると、1分間《ぷんかん》で12人《にん》、入《い》れかわる時間《じかん》を足《た》しても約《やく》10分《ぷん》で、100人全員《にんぜんいん》が発表《はっぴょう》できました。まるで水《みず》が流《なが》れるようで、学生《がくせい》たちも感動《かんどう》していました。

ぼくは、テレビのコメンテーターを20年《ねん》ほどやっていますが、コマーシャル前《まえ》ののこり5秒《びょう》でコメントを言《い》うことがよくあります。5秒《びょう》で言《い》えることとなんてないと思《おも》うかもしれませんが、5秒《びょう》は意外《いがい》に長《なが》いのです。のこり2、3秒《びょう》でも、ちょっとしたジョークが言《い》えます。

まずは、意味《いみ》のあることを15秒間《びょうかん》で言《い》えるようにしましょう。5秒《びょう》でも話《はな》せることがあるのですから、15秒《びょう》あったら、かなり話《はな》せますね。できれば「えっと……」は使《つか》わないほうがかっこいいです。

キレよく話《はな》すには、最初《さいしょ》に結論《けつろん》をひとつだけ話《はな》すことが大事《だいじ》です。「○がおもしろいポイントです」と、ひとつだけしっかり言《い》い、その後《あと》「理由《りゆう》は三《みっ》つあります」というふうに、ポイントを三《みっ》つ話《はな》します。三《みっ》つぐらい具体的《ぐたいてき》にポイントを言《い》うと、聞《き》く人《ひと》も納得《なっとく》します。

15秒《びょう》で話《はな》せるようになったら、30秒《びょう》、1分《ぷん》と延《の》ばしていきましょう。

1分《ぷん》は、結構長《けっこうなが》い時間《じかん》です。最初《さいしょ》から1分間話《ぷんかんはな》そうとすると、何《なに》を言《い》っていいかわからなくなることがありますが、大事《だいじ》なのは、結論《けつろん》をはじめに言《い》うこと。それは秒数《びょうすう》が長《なが》くなっても同《おな》じです。

まとめ

- キーワード探《さが》しをして、全体《ぜんたい》の内容《ないよう》をつかもう。大事《だいじ》な言葉《ことば》には丸《まる》を付《つ》けてもいいね。
- 15秒間《びょうかん》で話《はな》してみよう。結論《けつろん》は、はじめに言《い》おうね。

13

聞《き》く・話《はな》す

マナーとして敬語《けいご》を身《み》につけるべし!

敬語《けいご》をうまく使《つか》える人《ひと》は、かっこいいです。たとえば、先生《せんせい》に何《なに》かを借《か》りるときは「こちらをお借《か》りしてもよろしいでしょうか」というふうに言《い》います。

「これ、借《か》りていい?」と、友《とも》だちに話《はな》しかけるような言《い》い方《かた》をするのは、いいコミュニケーションではないと思《おも》います。

相手《あいて》に失礼《しつれい》のないように、敬語《けいご》を知《し》るのは大事《だいじ》なこと。敬語《けいご》を使《つか》うか、使《つか》わないかは、話《はな》す相手《あいて》によって変《か》えましょう。

自分《じぶん》より年上《としうえ》・目上《めうえ》の人《ひと》に名前《なまえ》を聞《き》くときは、どう言《い》いますか。「名前《なまえ》、なんていうの？」と言《い》うと、乱暴《らんぼう》でえらそうな感《かん》じがします。正《ただ》しくは、「お名前《なまえ》をうかがってよろしいでしょうか」です。「名前《なまえ》」に「お」をつけて「聞《き》く」を「うかがう」に言《い》いかえます。相手《あいて》より自《じ》分《ぶん》を下《さ》げた言《い》い方《かた》ですね。

このような正《ただ》しい言《い》いかえは、敬語《けいご》について書《か》かれた本《ほん》で学《まな》ぶことができます。小学生向《しょうがくせいむ》けのものもたくさんあります。

相手《あいて》と同《おな》じ目線《めせん》の言葉遣《ことばづか》いをすることを「タメ口《ぐち》」といいます。タメ口《ぐち》の「タメ」は、同《おな》じ年齢《ねんれい》の人《ひと》のこと。どんな相手《あいて》にも、友《とも》だちと話《はな》すときのようなラフな言葉《ことば》を使《つか》うのは、礼儀《れいぎ》がないことです。敬語《けいご》とは、相手《あいて》を大切《たいせつ》に思《おも》うマナーであり、身《み》につけなければならない常識《じょうしき》です。

正《ただ》しい敬語《けいご》を知《し》らないと、どうなるでしょう。たまに、映画《えいが》の宣伝《せんでん》をする俳優《はいゆう》さんが、「この作品《さくひん》に出《だ》させていただいて、この役《やく》をやらせていただいて、みなさんに観《み》ていただいて……」というふうに、敬語《けいご》を使《つか》いすぎている場面《ばめん》を見《み》かけます。

すべてに「いただく」や「くださる」をつけたり、お砂糖《さとう》、お塩《しお》、おしょうゆ、となんでも「お」をつけたりすると、言葉《ことば》がくどくなります。「いただく」は、文章《ぶんしょう》の最後《さいご》にひとつつけるといいでしょう。たとえば、「並《なら》んで、座《すわ》って、お待《ま》ちいただけますか」なら、くどくない敬語《けいご》になります。

敬語《けいご》の中《なか》にもいくつか種類《しゅるい》があり、話《はな》す相手《あいて》によって、尊敬語《そんけいご》、謙《けん》譲語《じょうご》、丁寧語《ていねいご》を使《つか》い分《わ》けます。

たとえば、お客様《きゃくさま》に食《た》べ物《もの》をすすめるときは、「食《た》べてください」を「どうぞ、お召《め》し上《あ》がりください」（尊敬語《そんけいご》）と言《い》いかえます。自分《じぶん》が食《た》べるときは「いただきます」（謙譲語《けんじょうご》）ですね。

尊敬語《そんけいご》は相手《あいて》を上《あ》げる言葉《ことば》、謙譲語《けんじょうご》は自分《じぶん》を下《さ》げる言葉《ことば》です。

また、丁寧語《ていねいご》は、「〜です」「〜ございます」などの丁寧《ていねい》な言葉遣《ことばづか》いのこと。「ある」を「ございます」に言《い》いかえて、「質問《しつもん》はございますか」などと使《つか》うこともあります。

みんなが敬語《けいご》を使《つか》わないで話《はな》したら、きっと楽《らく》ですね。でも、社会《しゃかい》はぎくしゃくします。敬語《けいご》はルールで、それを使《つか》うことでみんなが気持《きも》ちよくくらしています。

タメ口《ぐち》だけを使《つか》う人《ひと》は、仕事《しごと》の場《ば》でうまくやっていくことがむずかしいと思《おも》います。タメ口《ぐち》で話《はな》すタレントさんがテレビに出《で》ることがありますが、それは芸《げい》であり、おもしろいキャラクターを演《えん》じているのです。テレビに映《うつ》らないときは敬語《けいご》を使《つか》っています。

家族《かぞく》の中《なか》で敬語《けいご》を使《つか》うことはあるでしょうか。昔《むかし》は「○○さん、お召《め》し上《あ》がりなさい」といったように、子《こ》どもに丁寧《ていねい》な言葉《ことば》で話《はな》した家《いえ》もあったそうです。

みなさんは、家族《かぞく》のことをなんと呼《よ》びますか。家族以外《かぞくいがい》の人《ひと》には「お父《とう》さん」「お母《かあ》さん」ではなく「父《ちち》」「母《はは》」と言《い》いましょう。

また、学校《がっこう》で職員室《しょくいんしつ》に入《はい》るときは「失礼《しつれい》いたします。○○先生《せんせい》はいらっしゃいますか」と言《い》うこと。友《とも》だちの家《いえ》に行《い》ったときは「おじゃまいたします」と言《い》うこと。そのようなあいさつも大事《だいじ》です。

小学生《しょうがくせい》のうちから敬語《けいご》を身《み》につけることは、社会《しゃかい》に出《で》るための準備《じゅんび》です。敬語《けいご》は、使《つか》うことで慣《な》れていきます。生活《せいかつ》の中《なか》で、「こっち」「そっち」「あっち」を「こちら」「そちら」「あちら」にかえるだけでもいい。敬《けい》語《ご》に言《い》いかえ、丁寧《ていねい》に話《はなし》ができるようにしましょう。

まとめ

- 敬語《けいご》は礼儀《れいぎ》。相手《あいて》を大事《だいじ》に思《おも》う気持《きも》ちを言葉《ことば》で表《あらわ》すと、みんなが気持《き》ち《も》よくくらせるよ。
- よく使《つか》う言葉《ことば》を敬語《けいご》にかえて言《い》ってみよう。

14

聞《き》く・話《はな》す

相手《あいて》の話《はなし》をよく聞《き》いて感想《かんそう》を伝《つた》えよ！

相手《あいて》の話《はなし》をよく聞《き》いていると、いい感想《かんそう》を言《い》えるようになります。

「話《はな》す」と「聞《き》く」はどちらも大事《だいじ》ですが、まずは、人《ひと》の話《はなし》をきちんと聞《き》くことができるようになりましょう。これは、みなさんが社会《しゃかい》に出《で》たときにも、とても役立《やくだ》ちます。

話《はなし》を聞《き》くときは、相手《あいて》に胸《むね》を向《む》けることです。教室《きょうしつ》で発表《はっぴょう》をする人《ひと》がいるときは、その人《ひと》のほうに体《からだ》を向《む》けます。「胸《むね》で聞《き》く」イメージです。

それから、うなずいたり、相《あい》づちを打《う》ったり、リアクションをしましょう。びっくりする話《はなし》には驚《おどろ》き、おもしろい話《はなし》には笑《わら》い、「なるほど」「へえ、そうなんだ」と声《こえ》に出《だ》します。声《こえ》は、話《はな》す人《ひと》よりも大《おお》きくなりすぎないこと。心《こころ》の中《なか》で思《おも》った通《とお》りに表情《ひょうじょう》を変《か》えるだけでも、相手《あいて》は話《はな》しやすくなります。

聞《き》きながら、メモを取《と》るのもいいですね。話《はなし》の中《なか》の大事《だいじ》なことをメモして「こういうことですよね」と反応《はんのう》すると、聞《き》いていることが伝《つた》わります。メモは相手《あいて》が言《い》うことの意味《いみ》を理解《りかい》するのに役立《やくだ》ちますし、話《はなし》の要約《ようやく》ができると、感想《かんそう》を言《い》いやすくなります。

このように、聞《き》くときの姿勢《しせい》や心構《こころがま》えを身《み》につけましょう。みんなで場《ば》を盛《も》り上《あ》げると、話《はなし》をする人《ひと》は話《はな》しやすくなります。

ぼくはオンライン授業《じゅぎょう》をしたことがあります。学生《がくせい》たちは、最初《さいしょ》、画《が》面《めん》に顔《かお》を出《だ》していなかったので、ぼくの話《はなし》を聞《き》いてくれているのか反応《はんのう》がわかりませんでした。

そこで、みんなに顔出《かおだ》しをお願《ねが》いしました。さらに、話《はなし》を聞《き》きながら笑《わら》ったり拍手《はくしゅ》したり、また、顔《かお》の前《まえ》で丸《まる》やバツをつくったりして授業《じゅぎょう》に参加《さんか》してもらったのです。反応《はんのう》が見《み》えたことで、聞《き》いてくれていることがわかり、とても安心《あんしん》しました。

チャット機能《きのう》も活用《かつよう》しました。だれかの発表《はっぴょう》を聞《き》いたら、その人《ひと》についてほめるコメントを書《か》くようにしてもらったのです。みんなの感想《かんそう》がわかるので、発表《はっぴょう》した人《ひと》はやってよかったと思《おも》えますよね。

どんな話《はなし》でも、だまって聞《き》いて終《お》わりにするのはさみしいですね。「へぇ」というリアクションとともに、何《なに》か感想《かんそう》コメントを言《い》ってみましょう。コメントで大事《だいじ》なのは、話《はなし》を聞《き》いて、自分《じぶん》にはこんなにプラスになることがありました、と伝《つた》えることです。

「はじめて聞《き》いたから、すごく勉強《べんきょう》になったよ」「大変《たいへん》おもしろい話《はなし》でした。興味深《きょうみぶか》く聞《き》きました」「お話《はなし》を聞《き》いて、思《おも》い出《だ》したことがあります」

こんなふうに、相手《あいて》の話《はなし》に自分《じぶん》のことをくっつけて、ためになったということを伝《つた》えます。大事《だいじ》なのは、聞《き》いた話《はなし》の内容《ないよう》について具体的《ぐたいてき》に返《かえ》すこと。いい言葉《ことば》だなと思《おも》ったものがあったら、「この言《こと》葉《ば》がすごく印象《いんしょう》に残《のこ》りました」と言《い》うといいですね。

「その言葉《ことば》で救《すく》われた」「その映画《えいが》、お

〇〇〇だったなんて知《し》りませんでした。とてもおもしろい話《はなし》でした

もしろいのですね。私《わたし》もこういうことに興味《きょうみ》があるので、ぜひ観《み》てみます」「たとえば、こういうことでしょうか。実《じつ》は私《わたし》にもこういう経験《けいけん》があります。今《いま》のお話《はなし》に通《つう》じますか」など、話《はなし》に出《で》てきた言葉《ことば》を使《つか》ってコメントをするのは、それほど難《むずか》しいことではありません。

自分《じぶん》が考《かんが》え出《だ》す言葉《ことば》ではなく、相手《あいて》が言《い》った言葉《ことば》だからです。これは、相手《あいて》にとっても印象《いんしょう》がいいです。一生懸命《いっしょうけんめい》、話《はなし》を聞《き》いてくれていたと感《かん》じ、話《はなし》をしてよかったという気分《きぶん》になります。

ぼくは話《はなし》を聞《き》くとき、相手《あいて》のいい言葉《ことば》を見《み》つけるようにしています。

そして、相手《あいて》が話《はな》し終《お》わったときに、「なるほど、たしかにそういう○○っていうのは、すごくいい考《かんが》えですよね」「先生《せんせい》のおっしゃった、△△というのはいい言葉《ことば》ですね」というふうに言《い》います。

相手《あいて》の言葉《ことば》を使《つか》って話《はなし》をすることが大事《だいじ》なのです。

みなさんも、相手《あいて》の話《はなし》をよく聞《き》き、相手《あいて》の人《ひと》がよく聞《き》いてくれたと思《おも》うような感想《かんそう》を言《い》えるように練習《れんしゅう》してみましょう。

感想力《かんそうりょく》があると、人《ひと》といい関係《かんけい》をつくれますよ。

ほめるコメントを「ほめコメ」ということもあります。ほめコメは、まわりの人《ひと》を元気《げんき》にしますし、ほめている自分《じぶん》も気分《きぶん》がいいので、ぜひ「ほめコメ」もやってみてください。

まとめ

- 話《はなし》を聞《き》くときは、姿勢《しせい》、相《あい》づち、リアクション！
- 相手《あいて》の話《はなし》を聞《き》きながら、いい言葉《ことば》探《さが》しをしよう。
その言葉《ことば》を使《つか》って、コメントを返《かえ》せるといいね。

15

聞《き》く・話《はな》す

慣用句《かんようく》や四字熟語《よじじゅくご》を使《つか》うべし！

豊《ゆた》かな表現《ひょうげん》ができるようになるには、語彙力《ごいりょく》が大事《だいじ》です。語彙力《ごいりょく》とは、知《し》っている言葉《ことば》の多《おお》さのことで、これが豊富《ほうふ》な人《ひと》はさまざまな表現《ひょうげん》ができます。なかでも慣用句《かんようく》や四字熟語《よじじゅくご》を使《つか》いこなせると、語彙力《ごいりょく》がワンランク、ツーランクアップします。

言葉《ことば》を知《し》った後《あと》、すぐに忘《わす》れてしまってはもったいないですね。自分《じぶん》の頭《あたま》にしっかり残《のこ》すには、会話《かいわ》で使《つか》ってみることが大切《たいせつ》です。

慣用句《かんようく》とは、みんながよく使《つか》う決《き》まった表現《ひょうげん》のこと。目《め》、鼻《はな》、口《くち》など、

体《からだ》に関《かん》する言葉《ことば》を使《つか》ったわかりやすい慣用句《かんようく》がたくさんあります。

たとえば、目《め》に関《かん》する慣用句《かんようく》にはどんなものがあるでしょう。いそがしいときは何《なに》が回《まわ》りますか。「目《め》が回《まわ》る」です。あまりにひどい様子《ようす》は「目《め》に余《あま》る」と言《い》いますし、見《み》ないようにすることは「目《め》をつぶる」と言《い》います。

また、プールの監視員《かんしいん》さんは、みんなの様子《ようす》に「目《め》を光《ひか》らせて」いますね。美術品《びじゅつひん》などの価値《かち》がわかる人《ひと》のことを「ものを見《み》る目《め》がある」「お目《め》が高《たか》い」とも言《い》いますよ。

鼻《はな》に関《かん》する慣用句《かんようく》はどうでしょう。「鼻高々《はなたかだか》」は、得意《とくい》がっている人《ひと》のこと。「鼻《はな》であしらう」は、あまり相手《あいて》にしないこと。「鼻《はな》で笑《わら》う」は、相手《あいて》を少《すこ》しばかにしてからかうような様子《ようす》です。

口《くち》なら、「口《くち》が重《おも》い」「口《くち》が軽《かる》い」「口《くち》が滑《すべ》る」などがあります。

「手《て》をこまねく」「二《に》の足《あし》を踏《ふ》む」「揚《あ》げ足《あし》を取《と》る」など、手《て》や足《あし》に関《かん》するものもあります。また、「首《くび》を長《なが》くして待《ま》つ」は、待《ま》って、待《ま》って、待《ま》って、期待《きたい》して待《ま》ちこがれていることを表《あらわ》します。ろくろ首《くび》のように、首《くび》をどんどん長《なが》くするわけではないのですね。

人《ひと》に関《かん》するものでは、性格《せいかく》がさっぱりした人《ひと》を「竹《たけ》を割《わ》ったような性《せい》格《かく》の人《ひと》」と言《い》ったり、ライバル同士《どうし》が激《はげ》しく争《あらそ》うことを「火花《ひばな》を散《ち》らす」と言《い》ったりします。

おもしろい慣用句《かんようく》はたくさんあります。慣用句《かんようく》を集《あつ》めた本《ほん》を読《よ》んだり、インターネットで意味《いみ》を調《しら》べたりしてみましょう。慣用句《かんようく》のよさは、漫《まん》画《が》のように頭《あたま》の中《なか》にイメージが浮《う》かぶことです。普段《ふだん》の会話《かいわ》に使《つか》えそうなものがたくさんあります。

慣用句《かんようく》だけでなく、四字熟語《よじじゅくご》もおもしろいですよ。

四字熟語《よじじゅくご》は漢字《かんじ》4文字《もじ》の熟語《じゅくご》のこと。これも会話《かいわ》に取《と》り入《い》れることができます。

たとえば、びっくりするような変《か》わったことを見たときは、なんと言《い》いますか。

「奇想天外《きそうてんがい》」と言《い》うと、語彙力《ごいりょく》がある感《かん》

じがします。「驚天動地《きょうてんどうち》」という言葉《ことば》もありますね。天《てん》が驚《おどろ》いて、地《ち》が動《うご》くということですから、ただ「びっくりした」と言《い》うのとは、ちょっとちがいます。言葉《ことば》がちがえば、それを表《あらわ》す意味《いみ》も変《か》わるのです。

真《ま》っすぐ堂々《どうどう》としていることをいう「正々堂々《せいせいどうどう》」は、知《し》っていますね。だれもやったことがないことは「前人未到《ぜんじんみとう》」。「一石二鳥《いっせきにちょう》」と「一挙両得《いっきょりょうとく》」は、どちらもひとつで二《ふた》つを手《て》に入《い》れて得《とく》したことです。一遍《いっぺん》にやっちゃおうというときは「一気呵成《いっきかせい》に仕上《しあ》げてしまおう」と言《い》えます。

小《ちい》さなことを大《おお》きく言《い》う人《ひと》がいたら「あの人《ひと》の話《はなし》は針小棒大《しんしょうぼうだい》だね」。針《はり》のような小《ちい》さなものを、棒《ぼう》のように大《おお》きく言《い》うのですね。まわりが敵《てき》だらけで味方《みかた》がいないときは「四面楚歌《しめんそか》だな」と言《い》うと、自分《じぶん》の味方《みかた》ではない人《ひと》たちにかこまれている感《かん》じを表現《ひょうげん》できます。先行《さきゆ》きが開《ひら》けていて未来《みらい》に希望《きぼう》がもてるときは「前途洋々《ぜんとようよう》」です。

慣用句《かんようく》や四字熟語《よじじゅくご》は、会話《かいわ》の中《なか》や文章《ぶんしょう》を書《か》くときに、どんどん使《つか》ってみましょう。「腑《ふ》に落《お》ちる」と「わかった」では、言葉《ことば》の意味《いみ》が少《すこ》しちがいますよね。使《つか》い方《かた》を知《し》って言葉《ことば》で遊《あそ》ぶことができるようになると、会話《かいわ》や作文《さくぶん》が楽《たの》しくなります。

まとめ

- 慣用句《かんようく》や四字熟語《よじじゅくご》は、わかりやすくておもしろい！好《す》きな言葉《ことば》を見《み》つけよう。
- 慣用句《かんようく》や四字熟語《よじじゅくご》を会話《かいわ》や作文《さくぶん》にとり入《い》れよう。

質問力《しつもんりょく》をつけるべし！

どうやったら人《ひと》とうまく話《はなし》ができるでしょうか？　どうやったら人《ひと》の話《はなし》をうまく聞《き》けるでしょうか？

ぼくは、質問力《しつもんりょく》がとても大切《たいせつ》だと思《おも》います。上手《じょうず》な質問《しつもん》ができれば、相手《あいて》が気持《きも》ちよくこたえてくれる。すると、話《はなし》が盛《も》り上《あ》がります。

「質問上手《しつもんじょうず》になりたい」と言《い》うのはかんたんですが、質問力《しつもんりょく》をつけるにはどうすればいいのでしょう。

ぼくは大学生《だいがくせい》のころ、外国《がいこく》から来《き》た方《かた》の講演《こうえん》を聞《き》きました。講演《こうえん》が終《お》わって「何《なに》か質問《しつもん》はありますか」と言《い》われたとき、ぼくはすぐに手《て》を挙《あ》げて質問《しつもん》しました。話《はなし》を聞《き》きながら、質問《しつもん》を用意《ようい》していたからです。いっぽうみんなは、しーんとして静《しず》かでした。

「次《つぎ》の質問《しつもん》はありますか」と言《い》われたときも、みんなは何《なに》も聞《き》かず、またぼくが質問《しつもん》しました。そのときみんなは、何《なに》を聞《き》こうかと考《かんが》えていたのでしょう。

「質問《しつもん》はありますか」と言《い》われてから考《かんが》え始《はじ》めると、すぐに聞《き》くことができません。大事《だいじ》なのは、相手《あいて》の話《はなし》を聞《き》きながら質問《しつもん》を用意《ようい》することです。これは、講演会《こうえんかい》だけでなく、人《ひと》と話《はな》すときも同《おな》じです。

質問《しつもん》を用意《ようい》しながら話《はなし》を聞《き》くと、会話《かいわ》が続《つづ》きます。

相手《あいて》の話《はなし》がひとつ終《お》わったとき、「これはこういうことなんですね。大変《たいへん》おもしろいです。では、これについてはどうでしょうか」などとたずねることができます。すると、相手《あいて》は「それはね……」と、また話《はな》し始《はじ》めるでしょう。相手《あいて》に気持《きも》ちよく話《はなし》をしてもらうことは、人《ひと》とコミュニケーションを取《と》るうえでとても大事《だいじ》です。

二人《ふたり》で話《はな》しているときは、おたがいに質《しつ》問《もん》します。自分《じぶん》ばかりが質問《しつもん》すると、相手《あいて》がずっと話《はな》すことになりますね。

たとえば、「きのう何《なに》していたの？」と相手《あいて》に聞《き》かれたら、「本《ほん》を読《よ》んでいたよ」と言《い》って終《お》わりにするのではなく、「あな

たはきのう何《なに》していたの？」というふうに自分《じぶん》からもたずねます。会話《かいわ》はおたがいのキャッチボールですから、気持《きも》ちのいい質問《しつもん》をしあいましょう。

質問《しつもん》は、三《みっ》つぐらい用意《ようい》しておくといいですね。話《はなし》を聞《き》きながら、相手《あいて》が言《い》いたいことはなんだろうと考《かんが》えて、そのなかでいちばんいい質問《しつもん》をします。そうすれば、相手《あいて》を傷《きず》つけるような質《しつ》問《もん》をすることはないでしょう。

なんでもずけずけと聞《き》くのは、いいことではありません。相手《あいて》がこたえにくそうにしていることは、それ以上《いじょう》聞《き》かないこと。少《すこ》し難《むずか》しいかもしれませんが、たとえば、相手《あいて》ができないことや失敗《しっぱい》したことに対《たい》して「なんでできないの？」と聞《き》くことはやめましょう。気持《きも》ちよくこたえられないですよね。

ぼくは、質問力《しつもんりょく》の大切《たいせつ》さに気《き》がついてから、会話《かいわ》が途切《とぎ》れることがなくなりました。話《はなし》の途中《とちゅう》で静《しず》まり返《かえ》るのはさびしい。「これはどうですか」と用意《ようい》していた質問《しつもん》が、また会話《かいわ》を始《はじ》めるきっかけになります。

質問上手《しつもんじょうず》は聞《き》き上手《じょうず》です。質問《しつもん》や聞《き》き方《かた》が上手《じょうず》な人《ひと》と話《はな》すと、どんどん話《はな》したくなりますね。相手《あいて》の話《はなし》を引《ひ》き出《だ》す、インタビュアーという仕事《しごと》もあります。

『徹子《てつこ》の部屋《へや》』というテレビ番組《ばんぐみ》を続《つづ》けている黒柳徹子《くろやなぎてつこ》さんは、とても質問上手《しつもんじょうず》です。ぼくは、番組《ばんぐみ》に出演《しゅつえん》したときびっくりしました。徹《てつ》子《こ》さんは、ぼくのことを事前《じぜん》によく調《しら》べ、聞《き》きたいことを用意《ようい》していました。あらかじめ用意《ようい》していた質問《しつもん》をもとに、話《はなし》を進《すす》めていたのです。

質問《しつもん》をするには、相手《あいて》に対《たい》して興味《きょうみ》をもつことが大事《だいじ》です。相手《あいて》がどんな人《ひと》なのだろうと興味《きょうみ》をもたない人《ひと》は、なかなか質問《しつもん》を思《おも》いつきません。話《はな》す側《がわ》も、それでは少《すこ》しさびしい感《かん》じがします。

質問《しつもん》を三《みっ》つほど考《かんが》えて、だれかにインタビューしてみましょう。インタビューをすると、相手《あいて》のいいところを引《ひ》き出《だ》すことができます。または、家族《かぞく》や友《とも》だちに「好《す》きな○○ベスト3《スリー》はなんですか？」と聞《き》いてみましょう。ベスト3《スリー》はこたえやすい質問《しつもん》です。きっと話《はな》が盛《も》り上《あ》がります。

まとめ

- 話《はなし》を聞《き》きながら用意《ようい》した質問《しつもん》をしてみよう。
- 相手《あいて》に興味《きょうみ》をもって、気持《きも》ちのいい質問《しつもん》をしあおうね。
- 質問上手《しつもんじょうず》は聞《き》き上手《じょうず》。上手《じょうず》な質問《しつもん》で会話《かいわ》を続《つづ》けよう。

17

聞《き》く・話《はな》す

ちくちくをふわふわに変《か》えよ!

みなさんは、「ちくちく言葉《ことば》」と「ふわふわ言葉《ことば》」という言葉《ことば》を聞《き》いたことがありますか。

言葉《ことば》というのは、相手《あいて》をちくちく刺《さ》すこともできるし、相手《あいて》をふわふわといい気分《きぶん》にすることもできます。大《おお》きなちがいですね。言葉《ことば》がきびしかったり、きつかったりすると、それが暴力《ぼうりょく》になることもあります。相手《あいて》をちくちく刺《さ》すような言葉《ことば》は、使《つか》わないようにしましょう。

たとえば、人《ひと》が作《つく》ってくれたごはんを食《た》べるときは、基本的《きほんてき》にはなんでも「おいしい」と言《い》うこと。「まずい！」など、作《つく》った人《ひと》がいやな気《き》持《も》ちになる感想《かんそう》はさけます。ちくちくと針《はり》が飛《と》び出《で》たもので攻撃《こうげき》するより、ふわふわのあたたかいクッションを差《さ》し出《だ》すほうがいいですよね。

ちくちく言葉《ことば》は、ふわふわ言葉《ことば》に言《い》いかえられます。言《い》いかえをして、相手《あいて》の気《き》持《も》ちが落《お》ちこんだり、マイナスの方向《ほうこう》に行《い》ったりしないようにします。大事《だいじ》なのは、うまいとか下手《へた》とか、評価《ひょうか》を下《くだ》すような言葉《ことば》を言《い》わないことです。

たとえば、『ドラえもん』に出《で》てくるジャイアンは、よく歌《うた》を歌《うた》いますね。そこで「歌《うた》が下手《へた》だね」と言《い》うと、ジャイアンは傷《きず》つくでしょう。そういうときは「歌《うた》が好《す》きなんだね」と言《い》います。

いちばんかんたんなのは、自分《じぶん》ならなんと言《い》われるのがいいかなと考《かんが》えてみること。ぼくも「歌《うた》が好《す》きなんだね」と言《い》われたいです。

ちくちく言葉《ことば》というのは、正確《せいかく》にものを言《い》おうとしたときに出《で》てしまうことがあります。「この人《ひと》は歌《うた》が下手《へた》じゃん。下手《へた》だから下手《へた》って言《い》って何《なに》が悪《わる》いの？」と言《い》う人《ひと》もいるかもしれません。
「思《おも》ったことを口《くち》にするのはいいことだ。本当《ほんとう》のことならなんでも言《い》っていい」と思《おも》うかもしれませんが、これはよくないことです。

ぼくは、カラオケで気持《きも》ちよく歌《うた》を

歌《うた》ったとき、AI《エーアイ》に「音程《おんてい》とリズム感《かん》に問題《もんだい》があります。もっとかんたんな曲《きょく》から始《はじ》めましょう」と評価《ひょうか》されたことがありました。そんなにはっきり言《い》わなくてもいいですよね。低《ひく》い点数《てんすう》までついて、悲《かな》しい気分《きぶん》になりました。これはAI《エーアイ》が言《い》ったことなのでしょうがないですが、人《ひと》に言《い》われていたら本当《ほんとう》に傷《きず》ついていたかもしれません。言《い》った相手《あいて》のことを嫌《きら》いになることもあるでしょう。

人《ひと》に何《なに》かを言《い》うときは、いいところを見《み》つけて言葉《ことば》にしましょう。「足《あし》が遅《おそ》いね」など、欠点《けってん》や、自分《じぶん》が言《い》われて嫌《いや》な言葉《ことば》は言《い》わないこと。ふわふわ言葉《ことば》が思《おも》いつかないときは、それについて何《なに》も言《い》わなくてもいいのです。ほかの話《はなし》をしましょう。

決《き》めつけた言《い》い方《かた》をしないことも大事《だいじ》です。「もしかしたらこのほうがいいかもしれないね」などと言葉《ことば》をやわらかくします。

髪《かみ》を切《き》った人《ひと》には、「前《まえ》のほうがよかった」「変《へん》じゃない？」ではなく、「髪型《かみがた》が変《か》わっていいね」「新《あたら》しいのもいいね」などと優《やさ》しく言《い》います。

また、相手《あいて》には、下《した》からそっとボールをわたすように優《やさ》しい言《い》い方《かた》をします。ボールをぶつけるような言《い》い方《かた》はしないこと。言葉《ことば》は投《な》げつけるものではなく、そっと手《て》わたすものです。

自分《じぶん》が言《い》われたら気持《きも》ちがいい、うれしいなと思《おも》う言葉《ことば》はありますか。そんなふわふわ言葉《ことば》を5つ言《い》ってみましょう。

また、言《い》われて嫌《いや》なちくちく言葉《ことば》には、どんなものがあるでしょう。悪《わる》い言葉《ことば》を使《つか》い出《だ》すと、くせになります。使《つか》わないと決《き》めておく悪《わる》い言《こと》葉《ば》を考《かんが》えるのもいいですね。「キモイ」「うざい」などと人《ひと》に言《い》うのは、ひどいことです。一生《いっしょう》に一回《かい》も使《つか》わないと決《き》めましょう。

ぼくが言《い》われてうれしかったふわふわ言葉《ことば》は、「なんかセンスいいね」です。この言葉《ことば》は感覚的《かんかくてき》で、どこが、どうして、と言《い》われなくても、いい気分《きぶん》になります。たとえば、だれかが絵《え》を描《か》いたときや文章《ぶんしょう》を書《か》いたとき、みなさんも使《つか》ってみてください。

まとめ

- 相手《あいて》のいいところを言葉《ことば》にしよう。言葉《ことば》は優《やさ》しくやわらかく。きつい言《い》い方《かた》や決《き》めつけはしないよ。
- 言《い》われてうれしい言葉《ことば》を考《かんが》えて言《い》いあってみよう。

18

聞《き》く・話《はな》す

〝NG《エヌジー》話題《わだい》〟をさけるべし！

この話《はなし》をされるとすごく嫌《いや》になる。怒《おこ》りたくなる。だれにでも、「この話《はなし》だけはしたくない」という、さけたい話題《わだい》があるかもしれません。はじめて話《はな》す人《ひと》だと難《むずか》しいですが、よく話《はな》す人《ひと》に対《たい》しては、相手《あいて》が触《ふ》れてほしくなさそうなことや、相手《あいて》の気持《きも》ちが爆発《ばくはつ》するような〝NG《エヌジー》話題《わだい》〟をわかっておくといいと思《おも》います。すると、相手《あいて》をむやみに傷《きず》つけることが少《すく》なくなります。

ぼくは、大学《だいがく》の教《おし》え子《ご》たちと久《ひさ》しぶりに集《あつ》まったとき、学生《がくせい》のころカッ

プルだった二人《ふたり》が最近《さいきん》別《わか》れたという話《はなし》を聞《き》きました。別《わか》れた二人《ふたり》からではなく、別《べつ》の人《ひと》から「先生《せんせい》、その話《はなし》はしないようにしてください」と前《まえ》もって言《い》われたのです。

久《ひさ》しぶりに会《あ》ったら、「ところで、二人《ふたり》はどうなったの？」と聞《き》いてみたいところですよね。でも、事前《じぜん》に教《おし》えてくれた人《ひと》がいたおかげで、その話題《わだい》に触《ふ》れないですみました。

人《ひと》によって、話《はな》したくない話題《わだい》はちがいます。

たとえば、背《せ》が低《ひく》いことがコンプレックスだと感《かん》じている人《ひと》は、「本当《ほんとう》に背《せ》が小《ちい》さいね！」と言《い》われたら怒《おこ》り出《だ》すかもしれません。劣等《れっとう》コンプレックスとは、人《ひと》よりも自分《じぶん》が劣《おと》っていると感《かん》じること。相手《あいて》のコンプレックスを刺激《しげき》することは、よくありません。感《かん》じ方《かた》は人《ひと》それぞれちがいます。人《ひと》が気《き》にしていることや欠点《けってん》を話題《わだい》にしたり、悪《わる》く言《い》うのは、さけましょう。

　とはいえ、知《し》らずにその話題《わだい》を出《だ》してしまうこともあるでしょう。

何《なに》か話《はなし》をしていて、相手《あいて》の言葉《ことば》がすらすらと出《で》てこないときは、もしかしたら〝NG《エヌジー》話題《わだい》〟かなと考《かんが》えてみましょう。そして、別《べつ》の話題《わだい》に切《き》りかえること。これもひとつのやり方《かた》です。

　ちょっと難《むずか》しい状況《じょうきょう》ですが、時《とき》には、気《き》にしているかもしれないことを相手《あいて》が積極的《せっきょくてき》に話題《わだい》にすることもあるでしょ

う。相手《あいて》が本当《ほんとう》にその話《はなし》をしたいのであればいいのですが、少《すこ》し注意《ちゅうい》が必要《ひつよう》です。ネガティブな発言《はつげん》に、「そうだよね」などと同意《どうい》するのは、危険《きけん》なときがあります。

たとえば、教《おし》え子《ご》がぼくのところに来《き》て「私《わたし》って話《はなし》がとても下手《へた》ですよね」と言《い》ったとします。このとき、「たしかにそうだよね」と共感《きょうかん》するのはどうでしょう。相手《あいて》からしたら、ちょっと悲《かな》しいですよね。ぼくなら、「いや、そんなことはないよ」と、まずは言《い》います。

この場合《ばあい》、相手《あいて》は、言《い》ったことをそうではないと否定《ひてい》してほしい、別《べつ》の形《かたち》ではげましてほしい、そういう気持《きも》ちで言《い》っていると思《おも》うからです。

だれの心《こころ》にも、ここは触《ふ》れられたくないという場所《ばしょ》があるものです。それは大人《おとな》も子《こ》どもも同《おな》じで、友《とも》だち同士《どうし》でも触《ふ》れられたくない話題《わだい》はありますよね。もし、話《はな》したくない話題《わだい》が始《はじ》まりそうになったときは、無理《むり》に合《あ》わせなくていいですよ。

たとえば、「なぜこうだったの？」と聞《き》かれたら「なぜなんだろうね、自分《じぶん》でもちょっとよくわからない」とごまかして言《い》ってみる。「なんだろうね？」と聞《き》かれたら「そういえば考《かんが》えたことなかった。ちょっとまだ思《おも》いつかない」というふうに、ぼんやり話《はな》す。嫌《いや》だなと思《おも》ったときは、それ以上《いじょう》、話《はなし》が進《すす》まないようにこたえるといいと思《おも》います。

「逆鱗《げきりん》に触《ふ》れる」という言葉《ことば》を知《し》っていますか。目上《めうえ》の人《ひと》を激《はげ》しく怒《おこ》らせることをいいます。竜《りゅう》は、たくさんのうろこがある。その中《なか》に、逆《さか》さの向《む》きに生《は》えているうろこが1枚《まい》だけあって、そこに触《ふ》れると竜《りゅう》が怒《おこ》り出《だ》す、という故事《こじ》（古《ふる》い言《い》いつたえ）が由来《ゆらい》です。相手《あいて》の逆鱗《げきりん》に触《ふ》れないようにします。

触《ふ》れられたくない話題《わだい》を見《み》つけたらさける。そのことを、人《ひと》と話《はなし》をするとき、頭《あたま》の片隅《かたすみ》に置《お》いておくことが大事《だいじ》です。何《なに》も気《き》にしないまま、思《おも》ったことを言葉《ことば》にするのは危《あぶ》ないこと。「これを言《い》ったら相手《あいて》がどう思《おも》うか」と考《かんが》えて、思《おも》いやりをもって話《はな》しましょう。

まとめ

- 相手《あいて》のコンプレックスを刺激《しげき》するのはやめよう。
- 自分《じぶん》が話《はな》したくない話題《わだい》が始《はじ》まりそうになったら、無理《むり》に合《あ》わせなくていい。話《はなし》が進《すす》まないようにこたえよう。

19

聞《き》く・話《はな》す

"論破《ろんぱ》"にこだわらず相手《あいて》の意見《いけん》を聞《き》くべし！

人《ひと》と言《い》いあいをして自分《じぶん》のほうが勝《か》ったと思《おも》ったとき、「論破《ろんぱ》した！」と言《い》う人《ひと》がいます。ふざけた遊《あそ》びの中《なか》でならいいのですが、そうでなければ、相手《あいて》を言葉《ことば》でやっつけるようなことはしないほうがいいです。相《あい》手《て》が落《お》ちこむかもしれませんし、話《はなし》がうまく進《すす》まなくなります。

言《い》いあいになったとき、口《くち》がうまい人《ひと》は相手《あいて》を論破《ろんぱ》しやすいです。理《り》屈《くつ》としては論破《ろんぱ》した人《ひと》が一見正《いっけんただ》しく見《み》えるかもしれませんが、実際《じっさい》には、その人《ひと》の言《い》う通《とお》りではないこともあります。

「揚《あ》げ足《あし》を取《と》る」という慣用句《かんようく》があります。この慣用句《かんようく》のように、相《あい》手《て》のちょっとした言《い》いまちがいを取《と》り上《あ》げて攻撃《こうげき》するのはよくありません。「言葉尻《ことばじり》をとらえる」とも言《い》います。

普段《ふだん》の会話《かいわ》は、敵《てき》と味方《みかた》に分《わ》かれた戦《たたか》いではないですし、相手《あいて》に勝《か》たなくてはいけない裁判《さいばん》ではないのです。

論破《ろんぱ》した人《ひと》の言《い》うことが全部正《ぜんぶただ》しいとは限《かぎ》らない。口《くち》がうまいからといって、言《い》うことが正《ただ》しいかどうかはわからない。

そう考《かんが》えると、まずは相手《あいて》の意見《いけん》を聞《き》くことが大事《だいじ》です。そして、言《い》いあいをして相手《あいて》をやっつけようとするのではなく、おたがいに話《はなし》をすること。意見《いけん》を出《だ》しあい、こういうアイデアはどうかな、というふうに、相手《あいて》と自分《じぶん》の考《かんが》えを混《ま》ぜた案《あん》をつくります。

「そっちがまちがってる」「いや、そっちこそまちがってる」と言《い》いあうのは、大人《おとな》の世界《せかい》でもあることです。そういうときは、まずは落《お》ち着《つ》きましょう。息《いき》をゆっくり吐《は》くと、落《お》ち着《つ》きますよ。

何《なに》かトラブルがあったときは、相手《あいて》をやっつけようと思《おも》わないこと。そして、相手《あいて》の意見《いけん》と自分《じぶん》の意見《いけん》の中間地点《ちゅうかんちてん》になるような別《べつ》のアイデアを考《かんが》えます。「そういうことなんですね」と相手《あいて》が言《い》うことを理解《りかい》し、「こういう考《かんが》え方《かた》はどうですか」というふうに提案《ていあん》します。

たとえば、ぼくは、A《エー》案《あん》、B《ビー》案《あん》、C《シー》案《あん》といくつか案《あん》を出《だ》して「どれがいいですか」と相手《あいて》に聞《き》きます。B《ビー》案《あん》がいいというのであれば、「B《ビー》案《あん》のうちの1と2と3ではどれがいいですか」とまたたずねる。すると、けんかにならず、前向《まえむ》きに話《はな》しあいが進《すす》んでいきます。

ぼくは昔《むかし》、論破《ろんぱ》することがいいことだと思《おも》ってやっていた時期《じき》がありました。結構口《けっこうくち》がうまいので、ぼくが勝《か》っていたのです。論理的《ろんりてき》に勝《か》った結果《けっか》、どうなったか？ 友《とも》だちが減《へ》りました。がくっ。これはとてもよくないと気《き》づき、相手《あいて》をやりこめるのはだめなことだと学《まな》びました。

時《とき》には、自分《じぶん》の意見《いけん》を主張《しゅちょう》したいこともあります。そういう場合《ばあい》は、事実《じじつ》をきちんと説明《せつめい》して、おたがいに情報《じょうほう》を分《わ》かちあうこと。伝《つた》えるときは、思《おも》いこみで

言《い》うのではなく、事実《じじつ》をもとにして言《い》うことが大事《だいじ》です。「自分《じぶん》の考《かんが》えていることを言《い》いたい！」という気持《きも》ちもあると思《おも》いますが、話《はなし》をするときは、相手《あいて》に客観的《きゃっかんてき》なデータを示《しめ》します。

みなさんが意見《いけん》を出《だ》しあうものには、どんなものがあるでしょう。たとえば、犬《いぬ》とねこで、どちらのほうがペットとして人気《にんき》でしょう。データを調《しら》べると、日本《にほん》では最近《さいきん》、犬《いぬ》よりもねこのほうが推定飼育数《すいていしいくすう》が多《おお》いそうです。なぜ、ねこのほうが多《おお》くなってきているのでしょうか。自分《じぶん》の好《す》き嫌《きら》いとは別《べつ》に、考《かんが》えてみます。

また、テレビを見《み》る時間《じかん》の長《なが》さは、どう変《か》わったでしょうか。年代別《ねんだいべつ》ではどうかも調《しら》べてみます。若《わか》い年代《ねんだい》は、高齢者《こうれいしゃ》よりもテレビを見《み》る時《じ》間《かん》が短《みじか》いようです。そこから、何《なに》がわかるでしょうか。

何《なに》かについて意見《いけん》を出《だ》しあうときは、自分《じぶん》の意見《いけん》だけでなく、事実《じじつ》を大事《だいじ》にして話《はな》すこと。すると、話《はなし》を前向《まえむ》きに進《すす》めることができるのです。

まとめ

- 会話《かいわ》に勝《か》ち負《ま》けはないよ。おたがいの意見《いけん》を聞《き》こう。
- 相手《あいて》と自分《じぶん》の考《かんが》えをもとに、新《あたら》しいアイデアを出《だ》そう。客観的《きゃっかんてき》なデータを分《わ》かちあうことも大事《だいじ》だよ。

20

聞《き》く・話《はな》す

人《ひと》に言葉《ことば》のプレゼントをするべし！

言葉《ことば》は、人《ひと》におくるプレゼントにもなります。

たとえば卒業式《そつぎょうしき》で、先生《せんせい》がひとりひとりに声《こえ》をかけてくれるクラスもあるでしょう。また、転校《てんこう》する友《とも》だちに、「いっしょに遊《あそ》んでくれて楽《たの》しかったよ、ありがとう」と寄《よ》せ書《が》きをしておくることもあります。どちらも言葉《ことば》のおくりものですね。心《こころ》のこもった言葉《ことば》は、もらえるとすごくうれしいものです。

プレゼントは、話《はな》し言葉《ことば》でも書《か》き言葉《ことば》でもいいのです。それをだれかにわたしてみると、プレゼント上手《じょうず》になります。

ぼくは、品物《しなもの》のプレゼントを選《えら》ぶことがあまり得意《とくい》ではありません。相手《あいて》は何《なに》が好《す》きかわからないし、自分《じぶん》がいいと思《おも》っても相手《あいて》がそうは思《おも》わないことがありますから、難《むずか》しいのです。

でも、言葉《ことば》のプレゼントは選《えら》びやすいです。その人《ひと》のことをよく知《し》っていれば、これを言《い》われたらうれしいだろうなというふうに、なんとなく想像《そうぞう》がつくからです。

たとえば、人《ひと》と会《あ》ったとき「きょうも明《あか》るいですね」と言《い》われると、いつも明《あか》るいと思《おも》ってくれているんだ、とうれしくなりますね。

ぼくは、テレビに出《で》るときのために、いろいろな種類《しゅるい》のネクタイを何《なん》十本《じゅっぽん》も持《も》っています。色《いろ》や模様《もよう》などが少《すこ》しずつちがうのです。ほかの出演者《しゅつえんしゃ》やスタッフさんに「すてきなネクタイですね」と笑顔《えがお》で言《い》われるのは、ぼくにとっては言葉《ことば》のプレゼントです。ネクタイは、じっくり考《かんが》えて選《えら》ぶものですし、それなりにお金《かね》もかかります。相手《あいて》がかけてくれたひと言《こと》がプレゼントになる。プレゼントは、お金《かね》をかけなくてもできるのですね。

マイナスの言葉《ことば》はプレゼントになりません。「ちょっと顔色《かおいろ》が悪《わる》いですね」「ちょっとお疲《つか》れですか」「なんか暗《くら》いね」などと人《ひと》に言《い》うのは、さけたほうがいいでしょう。

言葉《ことば》のプレゼントは、する人《ひと》としない人《ひと》に分《わ》かれます。プレゼントをしようと心《こころ》がけていると、人《ひと》に会《あ》ったときの最初《さいしょ》の言葉《ことば》が変《か》わります。ぼくには、いつも言葉《ことば》のプレゼントをしてくれる人《ひと》がいるので、ぼくもプレゼントを返《かえ》すようにしています。

「きょうもお元気《げんき》そうですね」「きょうもすてきですね」といったかんたんなことでもいい。そういった言葉《ことば》のやりとりがあると、ほっとします。

言葉《ことば》のプレゼントは、どこで練習《れんしゅう》したらいいでしょう。

たとえば、お店《みせ》でラーメンを食《た》べたら、お店《みせ》の人《ひと》に言葉《ことば》をプレゼントします。まずは、「ごちそうさまでした」「おいしかったです」など、ひと言《こと》でOKです。

それができるようになったら、「ごちそうさまでした。スープが特《とく》においし

ぼうしが
すてきですね
ごちそうさまでした!
スープがよかったです
ナイスプレー!

かったです」「おいしかったです。チャーシューが最高《さいこう》でした」というふうに、具体的《ぐたいてき》な言葉《ことば》を添《そ》えてプレゼントできるといいですね。お店《みせ》の人《ひと》は一生懸命《いっしょうけんめい》作《つく》っていますから、言葉《ことば》をもらえるとやる気《き》が出《で》ます。

おうちの人《ひと》や友《とも》だちに、言葉《ことば》をプレゼントするのもいいですね。相手《あいて》が気持《きも》ちよくなるような言葉《ことば》を考《かんが》えて言《い》ってみましょう。

ぼくは、よくメールでやりとりしますが、人《ひと》にプレゼントをする気持《きも》ちで書《か》いています。本当《ほんとう》の気持《きも》ちを書《か》くのですが、二人《ふたり》の関係《かんけい》をよくしたり明《あか》るくしたりするような言葉《ことば》でまとめるのです。すると、感謝《かんしゃ》の気《き》持《も》ちを自然《しぜん》と言葉《ことば》にできるようになり、「あのときもう少《すこ》し言《い》っておけばよかった……」と思《おも》うことがなくなります。

相手《あいて》を知《し》らないと、言葉《ことば》のプレゼントはなかなかできません。普段《ふだん》の会話《かいわ》は、相手《あいて》のことをもっと知《し》ること、知《し》ろうとすることでもあります。

みなさんも、ぜひ言葉《ことば》のプレゼントをしてみてください。クラスやチームでいいプレーをした人《ひと》がいたら、「ファインプレーだね」「ナイスプレー！」というふうに声《こえ》をかけてみましょう。

ぼくは、授業《じゅぎょう》で学生《がくせい》が発表《はっぴょう》をしたら、「すごくよかった！」「ファンタスティック！」などと、必《かなら》ず何《なに》か言葉《ことば》をプレゼントします。30人《にん》が発表《はっぴょう》したら30個《こ》必《かなら》ず言《い》いますよ。それがぼくの役目《やくめ》だと思《おも》っています。

まとめ

- 家族《かぞく》、友《とも》だち、お店《みせ》の人《ひと》などに言葉《ことば》をおくろう。
- 相手《あいて》がうれしい気持《きも》ちになるのは、どんな言葉《ことば》かな？
- 関係《かんけい》をよくしたり明《あか》るくしたりする言葉《ことば》を選《えら》ぼう。

おわりに

日本語力《にほんごりょく》が育《そだ》つ、20個《こ》の「言葉《ことば》のミッション」はどうでしたか。何《なに》かできそうなものはありましたか。

ぼくは、10歳《さい》のときのことをよく覚《おぼ》えています。10歳《さい》はもう、意識《いしき》がはっきりしているのです。今《いま》、みなさんは10歳《さい》くらいだと思《おも》いますが、そのころの記憶《きおく》は大人《おとな》になってもたどれます。あのとき、あの本《ほん》を読《よ》んだというようなことを思《おも》い出《だ》せるのです。だからこそ今《いま》、この本《ほん》に書《か》いたミッションを、ゲーム感覚《かんかく》で楽《たの》しくやってほしいです。

たとえば、「敬語《けいご》ゲーム」というのをつくったとしま

すね。「きょう一日《いちにち》、敬語《けいご》だけで話《はな》す」というようにルールを決《き》めて、クラスでやってみたら、おもしろいと思《おも》います。「ただ今《いま》まいりました」とか、「佐藤《さとう》さんが今《いま》おっしゃったことは……」とか、「先生《せんせい》は今《いま》、給食《きゅうしょく》を召《め》し上《あ》がっています」のような感《かん》じです。ゲームにすることで、敬語《けいご》が楽《たの》しく身《み》につきます。

「質問力《しつもんりょく》ゲーム」というのもいいですね。たとえば「四人一組《よにんひとくみ》になって、そのうちひとりが何《なに》か話《はなし》をして、そのほかの三人《さんにん》がひとつずつ質問《しつもん》する」というルールです。終《お》わったら、聞《き》かれていちばんうれしかったのはどの質問《しつもん》だったとか、だれの質問《しつもん》がみんながいちばん聞《き》きたいことだったかとか、聞《き》かれる側《がわ》と聞《き》く側《がわ》で、質問《しつもん》

力王《りょくおう》を決《き》めると楽《たの》しいと思《おも》います。

「ほめほめゲーム」というのもおすすめです。「二人《ふたり》でそれぞれ絵《え》を描《か》いて、おたがいにほめていく」というルール。絵《え》は、うまくなくていいのです。とにかくほめ続《つづ》けることが大事《だいじ》。なんでもほめてみましょう。

ぼくは、教《おし》え子《ご》たちにこのゲームをやってもらいました。そして、授業《じゅぎょう》が終《お》わってから、「きょうから一週《いっしゅう》間《かん》、まわりの人《ひと》やものをほめまくってきてください」というミッションを出《だ》しました。すると、「アルバイト先《さき》の雰囲気《ふんいき》がよくなりました」とか、「妹《いもうと》をほめたら、お菓子《かし》をくれました」とか、いい反応《はんのう》がありましたよ。

ある学生《がくせい》さんは、このミッションをやってから、「ど

んなものでも、ほめられるようになりました」と言《い》っていました。その学生《がくせい》といっしょにエレベーターに乗《の》ろうとしたら、「このエレベーターでもほめられます」と言《い》っていて、おもしろくて笑《わら》ってしまいました。

最後《さいご》に、ぼくが好《す》きな言葉《ことば》を紹介《しょうかい》します。ぼくは10歳《さい》くらいのとき、『天才《てんさい》バカボン』という漫画《まんが》を読《よ》みました。「バカボンのパパ」という人《ひと》が、「これでいいのだ！」という決《き》めゼリフを言《い》います。ぼくはこの言葉《ことば》を大事《だいじ》にしています。これでよかったのかなとか、ああすればよかったなとか思《おも》ったとき、この言葉《ことば》を思《おも》い出《だ》します。

合《あ》い言葉《ことば》は、「言葉《ことば》を味方《みかた》につけよう！」です。

齋藤《さいとう》 孝《たかし》

齋藤孝著《さいとうたかしちょ》 シリーズ既刊紹介《きかんしょうかい》

10歳《さい》のミッション

キミを一生《いっしょう》ささえる31の行動《こうどう》

“10歳《さい》の壁《かべ》”による
あらゆる悩《なや》みを、
この1冊《さつ》で解決《かいけつ》！

10歳《さい》は自我《じが》が芽生《めば》えはじめる大切《たいせつ》な時期《じき》。今《いま》の、そして将来《しょうらい》の自分《じぶん》のために、10歳《さい》のうちからできること(=10歳《さい》のミッション)を解説《かいせつ》します。「なぜやったほうがいいのか」はもちろん「具体的《ぐたいてき》にどうするのか」も掲載《けいさい》しているため、今日《きょう》から実行《じっこう》できます。

ミッション例《れい》

- 相手《あいて》の話《はなし》を全身《ぜんしん》で聞《き》け！
- 指《ゆび》さし確認《かくにん》で忘《わす》れ物《もの》をなくせ！
- まちがえてもいいから自分《じぶん》の考《かんが》えをのべよ！
- 音楽《おんがく》を体《からだ》で感《かん》じるべし！
- 好《す》きなものを1週間《しゅうかん》にひとつずつ増《ふ》やせ！
- とにかく思《おも》いきり笑《わら》うべし！

なんで勉強《べんきょう》するんだろう?

教科別《きょうかべつ》に
「学《まな》ぶ理由《りゆう》」を解説《かいせつ》。
勉強《べんきょう》への意欲《いよく》を育《はぐく》む!

小学《しょうがく》3～6年生《ねんせい》で学《まな》ぶ教科《きょうか》ひとつひとつが、日常生活《にちじょうせいかつ》でどのように役立《やくだ》ち、どれほど人生《じんせい》をささえるかを解説《かいせつ》。学《がっ》校《こう》で学《まな》ぶ「勉強《べんきょう》の教科《きょうか》」以外《いがい》にも、やる気《き》・続《つづ》ける力《ちから》などの心《こころ》の強《つよ》さを「心《こころ》の教科《きょうか》」と名付《なづ》けて紹介《しょうかい》しています。

10歳《さい》の選択《せんたく》

自分《じぶん》で決《き》めるための20のヒント

人生《じんせい》は選択《せんたく》の連続《れんぞく》。
「いい選択《せんたく》をするヒント」を
知《し》っておこう!

10歳《さい》は、自分《じぶん》で物事《ものごと》を選《えら》ぶ機会《きかい》が増《ふ》えてくる時期《じき》。「得意《とくい》なほうを選《えら》ぶべし!」や「紙《かみ》に書《か》いてから選《えら》ぶべし!」「選《えら》べないことも大事《だいじ》と思《おも》うべし!」など、一生役立《いっしょうやくだ》つ、物事《ものごと》を選《えら》ぶときのヒントを20紹介《しょうかい》。自分《じぶん》で選《えら》ぶ勇気《ゆうき》を育《はぐく》みます。

齋藤 孝

さいとう・たかし◆東京大学法学部卒業。同大学大学院教育学研究科博士課程を経て、明治大学文学部教授。専門は、教育学、身体論、コミュニケーション論。著書に『声に出して読みたい日本語』（草思社）、『小学生なら知っておきたい教養366』（小学館）、『10歳のミッション キミを一生ささえる31の行動』（幻冬舎）ほか多数。NHK Eテレ「にほんごであそぼ」総合指導。

編集協力 船木妙子
イラスト 森のくじら
デザイン アルビレオ
DTP ローヤル企画

10歳の言葉 言葉を味方にする20のミッション

2024年7月25日 第1刷発行

著者 齋藤 孝
発行人 見城 徹
編集人 中村晃一
編集者 渋沢 瑶

発行所 株式会社 幻冬舎
〒151-0051 東京都渋谷区千駄ヶ谷4-9-7
電話 03(5411)6215（編集） 03(5411)6222（営業）

印刷・製本所 TOPPANクロレ株式会社

検印廃止

ISBN978-4-344-79202-9 C8095
ホームページアドレス https://www.gentosha-edu.co.jp/

この本に関するご意見・ご感想は、下記アンケートフォームからお寄せください。
https://www.gentosha.co.jp/e/edu/